Christian Haas

Das Lehrbuch zum Thema „Erfolgsmaximales Flirtverhalten":

Angriffsziel: Frau!

Tips und Tricks zum erfolgreichen Erstkontakt

Ein taktischer Führer für Profis und solche, die noch viel lernen müssen!

Trotz sorgfältigem Lektorat schleichen sich hin und wieder Fehler ein. Für Anregungen und Hinweise sind Ihnen Autor und Verlag äußerst dankbar.
www.flirtkultur.de

Sämtliche Rechte, insbesondere der Verbreitung und Übersetzung, vorbehalten.
Zuwiderhandlungen werden nach deutschem Recht verfolgt.

Copyright © 1999 by Christian Haas
Flirtkultur-Verlag, Brennberg
3. vollständig überarbeitete und erweiterte Auflage
Printed in Germany 2002
ISBN 3-936426-10-4
Druck: Druckhaus Oberpfalz, Weiden

Der Jugend zu eigen

Inhaltsverzeichnis

Vorwort 7
Hinweise für den Benutzer 11
1. Die Anatomie klassischer Niederlagen 15
2. Persönliche Erfolgsfaktoren 25
   2.1. Der Körper 26
   2.2. Die Bekleidung 40
   2.3. Die Persönlichkeit 45
3. Betrachtungen zur Angriffsstrategie: die Garanten des Sieges ... 61
4. Angriffstaktik 67
   4.1. Angriffsgrundsätze 68
   4.2. Feuervorbereitung: Blickkontakt aufnehmen 76
   4.3. Sturm und Einbruch: Annäherung und Ansprechen 81
   4.4. Kampf durch die Tiefe: Gesprächstaktiken 96
   4.5. Feuerunterstützung: die Körpersprache 119
   4.6. Feindeinbrüche abriegeln: Verhalten bei Abweisung 130
   4.7. Elektronische Kampfunterstützung 136
Schlußwort 151
Danksagung 155
Den Flirterfolg sichern! 157
Ehrentafel 159

Vorwort

Falls Sie zu jenen infantilen Naivlingen gehören, welche der Meinung sind, daß die Liebe stets, einem Luftsturmregiment gleich, urplötzlich aus den Wolken falle und es keinerlei taktischen Zutuns bedürfe, da der hauchzarte Flügelschlag bunter Schmetterlinge beiden Partnern zeitgleich anzeigen würde, wie füreinander geschaffen zu sein, muß ich Ihnen leider schon zur Begrüßung einen kleinen Genickschuß versetzen.
„Ja, aber ..." werden Sie nun vielleicht unqualifiziert und ohne um Ihre Meinung gebeten worden zu sein dazwischenrufen ...
Sie haben ja recht, in einem von zehntausend Fällen ist dem so, da stimme ich Ihnen, mich auf neueste wissenschaftliche Erkenntnisse stützend, zweifelsohne zu. Sie sehen also: Ausnahmen bestätigen die Regel.
In der Masse aller Fälle bedarf es jedoch einiger Zeit, bis sich das Gefühl der Liebe und Zuneigung füreinander schrittweise entwickelt. Eine Zeit, in welcher man viel falsch, aber, wie Sie unschwer erkennen können, auch viel richtig machen kann. Und um jenes „Richtigmachen" – wir nennen es der begrifflichen Klarheit zuliebe Angriffstaktik – geht es in diesem Buch.
Die Art und Weise, wie Sie mit Ihrer Angebeteten in Kontakt treten, sowie der erste Eindruck, welchen Sie dabei hinterlassen, entscheiden darüber, ob Sie zu einer Bekanntschaft werden, die man wieder sehen will, oder nicht.
Mein Auftrag ist es daher, Ihnen die richtigen Verhaltensweisen und psychologischen „Geheimtips" an die Hand zu geben, damit Sie möglichst nicht schon beim Erstkontakt durch den Rost fallen. Haben Sie Vertrauen, ich werde ihn erfüllen!

Wie bei einer militärischen Operation ist das Angriffsziel – nämlich die schnellstmögliche Beendigung Ihres Single-Daseins – vorgegeben. Ihre Aufgabe besteht nun darin, sich im ersten Schritt der beschriebenen Taktiken zu bemächtigen und sich im zweiten Schritt dieser zu bedienen, um die Erreichung des festgesetzten Ziels zu gewährleisten.

Für den Fall, daß Sie dem Irrglauben verfallen sind, im Gegensatz zu manch anderen tollen Typen sowieso keinen Stich zu machen, da Sie nicht schön, groß, muskelbepackt oder reich genug seien, muß ich Sie eines Besseren belehren. Der Kräftevergleich alleine hat, wie manch vermeintlicher Gefechtsfeldprofi schon frustriert feststellen mußte, noch selten eine Schlacht entschieden. Gefechtsentscheidend ist der richtige Ansatz der Kräfte, und den lernen Sie hier für schlappe paar Mark.

Wem es gelingt, aus den jeweils verfügbaren Ressourcen das Beste zu machen, dem wird auf Dauer der Erfolg nicht versagt bleiben. Die Geschichte ist voll von Beispielen, die zeigen, daß der stärkere Wille, die ausgefeiltere Taktik, die höheren Führungsqualitäten sowie der genialere Angriffsplan durchaus über die zahlenmäßig stärkeren Bataillone zu siegen befähigt sind.

Das gesamte Leben ist ein Kampf, die Liebe der Gefechtsabschnitt, in welchem die Schlacht um das Weibchen tobt. Hier heißt es erkunden, aufklären, überwachen, angreifen, verteidigen, besetzen, halten und – nicht zuletzt – andere niederhalten. Nicht vergessen seien auch die militärischen Grundfertigkeiten Tarnen, Täuschen und Verpissen, welche einem das Überleben auf dem Gefechtsfeld oftmals überhaupt erst ermöglichen.

Jene Tatsachen sind nicht durch Phrasen aus der Welt zu diskutieren. Daher wird es Zeit, ihnen endlich ins Auge zu blicken und sich auf den Ernstfall vorzubereiten. Dieses Buch wird Sie combat-ready machen. Nutzen Sie es für Ihr Glück!

Einem Mißverständnis möchte ich jedoch an dieser Stelle gleich vorbeugen: dem Irrglauben, daß Ihnen bei Anwendung der beschriebenen Taktiken bald schon ausnahmslos jede Frau zum Opfer fallen wird. Wäre dem so, hätte ich meine kostbare Zeit sicherlich nicht damit verschwendet, eigens für Sie ein Zauberbuch zu verfassen, sondern wäre statt dessen bei Ivanka Trump gelandet und läge jetzt vermutlich cocktailschlürfend ...

Unbestritten hingegen ist, daß Sie die gewissenhafte Lektüre dieses Werkes befähigen wird, mit Frauen in einen zwanglosen und freundschaftlichen Kontakt zu treten, was immerhin die Grundvoraussetzung darstellt, daß jenes „Unheil", welches man „das Geheimnis der Liebe" nennt, überhaupt seinen Lauf nehmen kann.

Sollten Sie, nachdem ich mir nun den Mund fusselig geredet bzw. die Finger wundgeschrieben habe, vom Nutzen dieses Buches noch immer nicht überzeugt sein, betrachten Sie die Sache einfach so:
Es ist nun einmal auf dem Markt, Sie haben es gekauft, also müssen Sie es lesen. Schon allein deshalb, um gegenüber der Konkurrenz nicht ins Defizit zu geraten. Um endlich jene Waffen zu nutzen, welche andere schon lange mit dem größten Erfolg und in aller Regel nicht zu Ihrem Vorteil einsetzen. Denken Sie stets daran: Der Feind schläft nicht! Sichern Sie sich daher einen Vorsprung gegenüber Ihren Rivalen, beziehungsweise ziehen Sie endlich mit all jenen gewitzten Bürschchen gleich, welche diesen Ihnen gegenüber längst schon haben.

Hinweise für den Benutzer

Das vorliegende Werk wurde als Ratgeber konzipiert und verfolgt kein geringeres Ziel, als Sie, liebe Leser, in die hohe Kunst des Flirtens einzuführen. Die Ausführungen konzentrieren sich dabei gezielt auf die Problematik der erfolgreichen Kontaktaufnahme.
Wie schaffe ich es, mit einer Frau, die mich interessiert, ins Gespräch zu kommen? Wie nehme ich Blickkontakt auf? Welche Ansprechmethoden gibt es? Wie halte ich meinen Körper? Was verrät mir die Körpersprache meines Flirtpartners? Wie verhalte ich mich, um einen möglichst positiven Eindruck zu hinterlassen? Welche Faktoren sind für den Flirterfolg ausschlaggebend? Welche Fehler gilt es zu vermeiden? So oder ähnlich lauten die zentralen Fragen, deren Beantwortung sich die folgenden Kapitel in ausführlicher Weise widmen.
Sicherlich haben Sie im Laufe der Zeit auf jene Fragen bereits selbst mehr oder weniger erfolgversprechende Antworten entwickelt. Diese eigenen Überlegungen werden durch vorliegendes Lehrbuch zum Thema „Erfolgsmaximales Flirtverhalten" mit Sicherheit eine wertvolle Ergänzung erfahren.

Obgleich auf neueste Forschungsergebnisse gestützt, entspricht es keineswegs der Intention dieses Buches, Ihnen, werte Leserinnen und Leser, vom wissenschaftlichen Olymp aus die Phänomene der Partnerwerbung zu deuten, im Gegenteil! Ein Lehrbuch zu verfassen, welches sich dadurch auszeichnet, ebenso staubtrocken wie hochwissenschaftlich und auf Anwenderebene völlig unbrauchbar zu sein – nie stand mir danach der Sinn!
Getreu dem diesem Werke zugrunde liegenden Wahlspruch *„Die Wissenschaft sucht vieles zu erklären, doch hier gilt's Meisterweis' zu lehren!"* werden Ihnen ausschließlich solche Informationen geboten, welche Sie im praktischen Einsatz auch benötigen. Mit anderen Worten: Anstatt komplexe Theorien und sonstigen hochtrabenden Mist zu verbreiten, erteile ich Ihnen explizite Anweisungen für ein bestimmtes Verhalten, die Sie im Interesse einer Maximierung Ihres persönlichen Erfolges, lediglich nach bestem Wissen und Gewissen, zu befolgen haben!

Falls Sie nun glauben, daß ich zu denjenigen gehöre, welche den Flirt nahezu erfunden haben, muß ich Sie leider enttäuschen! Alle, die bestimmte Dinge von Kindesbeinen an spielend beherrschen, sind zwar nicht selten große Könner auf ihrem Gebiet, jedoch meist auch ebenso schlechte Lehrmeister. Diese Menschen können sich das Geheimnis ihres Erfolges nämlich oft nicht einmal selbst – geschweige denn anderen – erklären. Wie in aller Welt sollte ein Mensch, welchem auf Anhieb alles gelingt, auch so etwas wie ein Problembewußtsein entwickeln können? Wer hingegen ganze Misthaufen von Trugschlüssen und Irrtümern abzutragen hatte, weiß in aller Regel, wovon er spricht!

Wenn Sie daher in Kürze aus der Lektüre dieses Werkes Ihre Lehren ziehen, sollte Ihnen stets bewußt sein, damit die leichtestmögliche Art des Lernens gewählt zu haben, nämlich die aus den Fehlern anderer. Des weiteren können Sie davon ausgehen, daß sämtliche der in diesem Buche beschriebenen Taktiken im Zuge jahrelanger Forschung entwickelt und verfeinert sowie auf ihre Erfolgswirksamkeit hin getestet wurden.

Lassen Sie mich an dieser Stelle eines in aller Deutlichkeit herausstellen: Sie halten hier ein Buch in Händen, welches Ihnen Gutes tun, neue Möglichkeiten des Handelns eröffnen und entscheidend zur Steigerung Ihrer Lebensqualität beitragen will. Dieses Werk befähigt Sie, eines der elementarsten Grundbedürfnisse menschlichen Lebens zu befriedigen: das Bedürfnis nach Liebe, Freundschaft und sozialen Kontakten.

Bleibt zu hoffen, daß Sie die Fähigkeit besitzen, zu unterscheiden, wann mein gutes Herz zu Ihnen spricht, und wann es einfach unumgänglich wird, Ihnen einen richtungsweisenden Arschtritt zu verpassen, der selbstverständlich nur zu Ihrem Besten ist. All die zartbesaiteten Sensibelchen und Weicheier unter meinen Lesern möchte ich deshalb bitten, den hin und wieder etwas rüden Ton dieses Buches nicht allzu persönlich zu nehmen. Weinen Sie bitte nur ein Tränenkrüglein voll – ein ganz kleines!

Sollten Sie der Meinung sein, unzulängliche Verhaltensmuster könne man dadurch verändern, indem man sich mal eben schnell ein Buch reinzieht, muß ich Sie leider enttäuschen. Das gewünschte Verhalten gilt es nämlich nicht nur zu erlesen, sondern vielmehr zu verinnerlichen. Daher empfiehlt es sich, die für Sie persönlich wichtigen Stellen zu markieren und mehrmals durchzulesen. Habe ich *lesen* gesagt? Ich meine selbstverständlich *durcharbeiten*! Vergegenwärtigen Sie sich in lebhaften Bildern, was Sie der Reihe nach zu tun haben, und tun Sie es dann auch.

Stellen Sie dieses Buch, nachdem Sie es ausgelesen – welch häßliches Wort – haben, nicht in eine dunkle Ecke. Nehmen Sie es öfter zur Hand, blättern Sie nach den markierten Stellen. Auch manches, was Sie anfangs überlesen haben, wird Ihnen nach den ersten praktischen Erfahrungen aus einer ganz anderen Perspektive erscheinen. Sie wissen doch: Repetitio est mater studiorum. Da können Sie mal wieder sehen, welch schlaue Sprüche man sich durch die Lektüre von Asterixheften anzueignen in der Lage ist! Und meine Mutter meinte immer: „Lies nicht so viele Comics, sonst wirst du eines Tages ein komplett verblödeter, dämlicher Hund." Keine Sorge, um dies zu verhindern, habe ich nicht gelesen, sondern mich lediglich auf das Betrachten der Bilder beschränkt – wer liest denn heutzutage noch?

Abschließend möchte ich Sie aus Gründen der Rechtssicherheit noch auf folgendes hinweisen:
Dieses Buch wurde nach modernsten wissenschaftlichen Erkenntnissen sorgfältig erarbeitet, dennoch erfolgen alle Angaben ohne Gewähr. Für eventuell auftretende Nachteile oder Schäden, die aus der Lektüre dieses Buches resultieren, können weder Verlag noch Autor die Haftung übernehmen.
Die Namen sämtlicher in diesem Buch erwähnter Personen sind frei erfunden. Übereinstimmungen mit den Namen lebender Personen sind rein zufälliger Natur und in keinster Weise beabsichtigt.

1. Die Anatomie klassischer Niederlagen

Obgleich die Befähigung zu einer erfolgreichen Kontaktaufnahme mit den Vertretern des anderen Geschlechts sowohl für das Glück des einzelnen als auch für den Fortbestand der gesamten Menschheit von entscheidender Bedeutung ist, müssen wir uns diese Fähigkeit nach dem Trial-and-error-Prinzip, meist völlig auf uns selbst gestellt, aneignen.
Nicht wenige Menschen sind damit jedoch hoffnungslos überfordert. Das Ergebnis ist größtenteils kläglich. In der Praxis zeigt sich deutlich, daß auf diesem Gebiet nahezu jeder seine Probleme und Unsicherheiten hat. Im Rahmen von durchgeführten Beobachtungen traten häufig derart eklatante Fehler zutage, daß man nur belustigt feststellen konnte: „Da fehlt es ja an der fundamentalen Elementarbasis!"
Doch ohne Zugriffsmöglichkeiten auf ein Repertoire erfolgversprechender, psychologisch ausgefeilter Taktiken, kurz gesagt, ohne fachkompetente Hilfestellung, ist nun einmal jeder gezwungen, das Rad neu zu erfinden, was mitunter nicht unwesentlich zur allgemeinen Erheiterung beiträgt ...

Hier eine kleine Auswahl klassischer Situationen, die allesamt charakteristisch für eine aufgrund bloßen Fehlverhaltens erfolglose Kontaktaufnahme sind:

Montagmorgen. Der vielleicht angstbesetzteste Tag Ihres Lebens dämmert herauf. Während die Strahlen der aufgehenden Sonne durch die trüben Wolken dringen und die Welt in ein goldenes Rot tauchen, haben Sie nur einen Gedanken: Staatsexamen! Vor Aufregung bekommen Sie keinen Bissen hinunter, Ihr Frühstück bleibt nahezu unangetastet zurück, während Sie schon zur S-Bahn hetzen. Lieber zwei Züge früher fahren, um ja nicht zu spät zu kommen. Wohl wissend, daß es jetzt sowieso nichts mehr bringt, schlagen Sie zu Ihrer Beruhigung nochmals die Unterlagen auf, über denen Sie gestern noch bis spät in die Nacht gesessen haben. „Nächster Halt: Lilienstraße." Quietschend kommt der Zug zum Stehen. Ruckartig öffnen sich die Türen, und frische Morgenluft strömt ins Abteil. Verträumt blicken Sie aus dem Fenster.

„Entschuldigung, ist hier noch frei?" unterbricht plötzlich eine Stimme Ihre Gedanken. Während Sie noch geistesabwesend „ja" murmeln, hat der zugestiegene Fahrgast bereits Platz genommen. Neugierig blicken Sie auf Ihr Gegenüber, wenden jedoch im nächsten Moment Ihren Blick unwillkürlich wieder ab. Es durchzuckt Sie wie ein Blitz. Ein Traum von einer Frau. Verstohlen beginnen Sie sie zu mustern. Ein junges Mädchen, etwa 19 Jahre alt. Sie können kaum in Worte fassen, wie wunderschön sie ist. Ihr Anblick verzaubert Sie. Dieser Mund, diese weichen Lippen, diese reine makellose Haut, die sanften Wangen und erst das strahlende Blau ihrer Augen! Der durch die gekippten Fenster ziehende Fahrtwind spielt mit ihrem blonden glänzenden Haar. Sie ist schön wie die aufgehende Sonne.

Plötzlich wendet sie leicht ihren Kopf und sieht Ihnen direkt in die Augen. Ein Blick, der warm und verbindlich ist, trifft Sie. Sie fühlen sich ertappt, Ihre Augen irren ab. Beschämt sehen Sie aus dem Fenster, während Ihnen bewußt wird, daß ihr Blick nun auf Ihnen ruht. Sie spüren, wie Ihnen die Röte ins Gesicht steigt, durch verstärktes Blinzeln suchen Sie zu verhindern, daß Ihre Augen zu tränen beginnen. Die wärmenden Strahlen der Sonne treffen in Ihr Gesicht. Aus allen Poren beginnt Schweiß zu dringen. Ihre Hände umklammern die auf dem Schoß liegenden Skripten, und Sie bemühen sich redlich, den Anschein zu erwecken, in diese vertieft zu sein.

Doch in Ihrem Kopf hämmert nur eine Frage: „Wie stelle ich es an, mit ihr ins Gespräch zu kommen?" So sehr Sie auch überlegen, es fällt Ihnen nichts ein. Zumindest nichts, was originell oder geistreich genug wäre.

„Verdammt schwierige Situation. Ein Mädchen, das so hübsch ist wie sie, wird bestimmt jeden Tag hundertmal angesprochen, da kann man nicht mit dem Satz ‚Schönes Wetter heute!' ankommen. Übers Wetter unterhalten sich alte Omas. Das würde sie von vornherein abschrecken. Sie zu fragen, wo sie denn hinfahre, wäre zu neugierig, außerdem ginge mich das überhaupt nichts an ...

Wenn nur der Zug entgleisen würde, dann könnte ich sie wenigstens retten. Auf meinen Armen würde ich sie aus den Trümmern tragen.

Sie würde die Augen aufschlagen, mich umarmen, küssen und sagen: ‚Danke, Du hast mir das Leben gerettet!'
Würde der Zug entgleisen, käme ich höchstwahrscheinlich zu spät zu meiner Prüfung. Wenn diese Scheißprüfung nicht wäre, würde ich sie ansprechen. Außerdem wäre ich dann letzte Woche beim Friseur gewesen."
Sie betrachten im Fenster Ihr Spiegelbild und beginnen die lange Matte, welche sich im Nacken bereits kräuselt, zu hassen.
„Wenn ich nicht soviel zu lernen gehabt hätte, wäre ich zum Friseur gegangen. Wenn ich heute keine Prüfung hätte, wäre ich außerdem schicker gekleidet. Aber wenn man fünf Stunden sitzen und schreiben muß, zieht man sich eben bequem und nicht schick an. Außerdem wäre ich dann geistig frei und ungezwungen.
Warum überhaupt soll ich sie ansprechen? Sie könnte ja auch etwas sagen. Sie könnte mich ja beispielsweise fragen, was ich da lerne. Das wäre so einfach. Dann hätten wir auch gleich ein intelligentes Gesprächsthema. Aber wahrscheinlich will sie sich gar nicht unterhalten. Es ist Morgen, und vielleicht hat sie noch nicht ganz ausgeschlafen. Sicher hat sie sowieso einen Freund."
Die S-Bahn hält an. Sie beten zu allen Heiligen: „Hoffentlich steigt sie jetzt nicht aus. Herr, bitte mach, daß sie mit mir gemeinsam aussteigt. Dann werde ich ..."
Der Zug hält abermals an. Sie nimmt ihre Sachen, steht auf und steigt aus. Ihr süßes „Tschüß" klingt Ihnen noch in den Ohren, als sie auf dem Bahnsteig an Ihrem Fenster vorübergeht. Durch die verstaubte Scheibe sehen Sie sich zum erstenmal bewußt und tief in die Augen. Ein Lächeln, das nur Ihnen gilt, huscht über ihr Gesicht und läßt es aufleuchten. Im selben Moment hebt sie ihre Hand um Ihnen zuzuwinken.
In dieser Sekunde wird Ihnen schmerzhaft bewußt, daß sie die ganze Zeit nur darauf gewartet hatte, mit Ihnen ins Gespräch zu kommen. Aber Sie waren ja die ganze Zeit nur in Ihre Unterlagen vertieft. Sie hätten nur den Kopf zu heben und irgend etwas zu sagen brauchen. Sie hätte vermutlich jeden Versuch einer Annäherung, und wäre er noch so schüchtern und unbeholfen gewesen, akzeptiert, auch den tolpatschigsten.

Bis zu Ihrer Prüfung sind es noch gut zwei Stunden. Dies erkennend, fassen Sie sich ein Herz und springen auf. Sie drängen sich durch die hereinströmenden Fahrgäste in Richtung Ausstieg, doch im nächsten Moment schließen die Türen, und der Zug fährt an. Durch das Fenster müssen Sie sehen, wie Ihr Traum zurückbleibt und schließlich in der Menschenmenge auf dem Bahnsteig verschwindet.

In der Hoffnung, sie wiederzutreffen, fahren Sie diese S-Bahnlinie, wann immer sich eine Gelegenheit hierfür bietet, treiben sich tagelang an der Station, an welcher sie ausgestiegen war, herum. Dort treffen Sie zwar viele nicht minder hübsche Mädchen an, suchen jedoch nur nach ihr, dem kleinen Sonnenstrahl, der Ihr Herz entflammt hat.

So sehr Sie auch suchten, Sie haben sie nie wieder getroffen. Eine traurige Geschichte, nicht wahr?

(Tränchen trocknen, weiterlesen!)
Szenenwechsel:

Ein guter Freund hat Sie auf eine Party mitgeschleppt. Sehr zu Ihrem Leidwesen kennen Sie dort jedoch kaum einen Menschen. Mit den Worten: „Halt mal, bitte!" hat er Ihnen sein Bier in die Hand gedrückt und ist auch schon in Richtung Toilette verschwunden.

Während sich in Ihrem Umkreis alles blendend zu amüsieren scheint, stehen Sie alleine gelassen, etwas verloren umher und beginnen allmählich, sich wie Falschgeld zu fühlen. Inständig hoffen Sie, daß Ihr Freund bald wieder auftauchen wird. Doch Ihre Geduld wird auf eine harte Probe gestellt ...

Der Aufruf des Diskjockeys zur Polonaise ist noch nicht verhallt, als Ihnen plötzlich ein Mädchen mit einem bezaubernden Lächeln und den Worten: „Kannst Du das bitte mal halten?" ihr Glas Sekt entgegenstreckt. Reflexartig greifen Sie zu, und schon stehen Sie mit einem Krug Bier und einem Glas Sekt in der Prärie, während sie mit der Polonaise von dannen zieht. Jedes Mal, wenn sie an Ihnen vorüberkommt, grinst sie wie ein Honigkuchenpferd. Offensichtlich ist ihr der Sekt schon gewaltig in den hübschen Kopf gestiegen.

Kurz nachdem sich der Lindwurm aufgelöst hat, gelingt es Ihnen gerade noch, rechtzeitig die Arme zu öffnen, bevor sie sich Ihnen um den Hals wirft und ihren wohlgeformten Körper gegen den Ihrigen preßt. Während Sie noch verzweifelt bemüht sind, Bier und Sekt auszubalancieren, drückt sie Ihnen einen dicken Schmatz auf den Mund. Dann nimmt sie Ihnen das Glas aus der Hand, blickt Sie unschuldig an und haucht in Ihr Ohr: „Danke fürs halten! Willst du einen Schluck? Sekt macht glücklich!" – „Ja, ich merk's", hören Sie sich von der Situation völlig überwältigt sagen, während Sie Ihre klebrigen Finger schütteln.

Im selben Moment kommt Ihr Freund zurück. „Da bist du ja endlich! Hast du ein Taschentuch?" empfangen Sie ihn vorwurfsvoll. Nachdem Sie einen verklebten Bierkrug gegen ein Taschentuch eingetauscht haben, und erklärt haben warum dieser so klebrig ist, beginnen Sie sich die Finger zu putzen.

Allmählich haben Sie die Situation erfaßt und fühlen sich bereit, mit „Ihrem" ungestümen Spatzenkind ein Gespräch zu eröffnen. Doch dieses ist, nachdem es den angerichteten „Schaden" erkannt, seinen Finger in den Mund genommen und „Entschuldigung" gemurmelt hat, bereits davongehüpft.

Eine Stunde später entdecken Sie sie wieder. Wild knutschend in einer dunklen Ecke, die Hand im Schritt eines Anderen. Sie könnten kotzen über Ihren Mangel an Flexibilität.

Schon mal erlebt, daß das Leben an Ihnen vorbeiwippert? Daß Sie Ihre Chancen verschlafen? Nein, nein. So etwas würde Ihnen nieee passieren! Sie gehören eher zu denjenigen, die keine Gelegenheit auslassen! Ständig auf der Lauer und geistig rege – auch nachts hellwach! Nun gut, dann kommen Ihnen vielleicht diese Situationen bekannt vor:

Super-Mega-House-Night in irgendeinem Preßluftschuppen. Dichtes Gedränge. Direkt vor Ihnen, den Blick auf die Tanzfläche gerichtet, steht nichtsahnend das Ziel, welches Sie sich für den heutigen Abend gesetzt haben. Daß sie Ihnen den Rücken zudreht, nehmen Sie ihr überhaupt nicht übel, bei diesem Rücken. Ihr tief ausgeschnittenes, rückenfreies Kleid läßt jeden ihrer zarten Wirbel erkennen.

„Das ist ein Schnecklein wie für mich geschaffen", denken Sie. „Gutaussehend, cool und mutig wie ich bin, ist es kein Problem für mich, mit ihr in Kontakt zu treten, wenn ich da hingegen an meine verklemmten Freunde denke ..."

Selbstbewußt tippen Sie ihr auf die Schulter. Als sie sich umdreht, blickt sie in das verführerischste Lächeln, dessen Sie fähig sind.

„Hallo, ich würde dich kommende Woche gerne zum Essen einladen, um dich kennenzulernen", sagen Sie ruhig und lässig zu ihr.

„Ja, aber ... ich kenn' dich doch überhaupt nicht!" hören Sie sie verwirrt stammeln.

„Deswegen will ich dich ja kennenlernen!" antworten Sie unbeirrt, während Sie etwas wie: „Die ist so hohl, wie sie geil ist" denken.

„Ich weiß nicht, ob ich nächste Woche überhaupt Zeit habe", meint sie ausweichend.

„Dumme Ausrede", denken Sie sich, bleiben jedoch beharrlich und kommen ihr nochmals entgegen: „Es kann auch ein andermal sein."

Peinliches Schweigen.

„Na ja, wer nicht will, der hat schon", murmeln Sie, während Sie sich eine Zigarette anstecken, lächeln und cool von dannen ziehen.

Szenenwechsel:

Sie sitzen im Hörsaal einer nicht näher bezeichneten Universität und erwarten voller Spannung Ihre erste Vorlesung im Fach „Betriebliche Marktwirtschaft". Die Tatsache, daß der Dozent mit zehnminütiger Verspätung eintrifft – „Entschuidigens, i hob den Hörsaal nicht gfunden!" – stört Sie nicht sonderlich. Dies liegt jedoch keineswegs daran, daß Sie als Student nicht der Erfinder der Pünktlichkeit waren, sondern an ihr, dem bezaubernden Geschöpf, welches direkt vor Ihnen Platz genommen hat.

Ihr Blick ist gefesselt von dem hauchdünnen Sommerkleid, das nur von zwei Spaghettiträgern um die zarten Schultern gehalten wird, dem langen, glänzend braunen Haar, das, zu einem Pferdeschwanz zusammengebunden, auf die weiche braungebrannte Haut ihres Rükkens fällt. Jedesmal, wenn sie mit ihrer Freundin schwätzt, bekommen Sie ihr süßes Profil zu Gesicht, und zum Schwätzen hat sie allen Grund. Die Vorlesung ist nämlich nicht einmal schlecht, was Sie im dritten Semester kaum noch erschüttern würde, sie ist eine Frechheit. Brauchbare Unterlagen ausgehändigt zu bekommen, haben Sie sowieso nicht erwartet. An den unsinnigen Vorgang, daß der Professor seine mehr oder weniger strukturierten Gedanken jedes Semester wieder auf den Projektor kritzelt und Sie eineinhalb Stunden am Stück ausschließlich damit beschäftigt sind, diese, unterbrochen von kollektiven Ratespielen zur Hieroglyphenentzifferung, abzuschreiben haben Sie sich mittlerweile gewöhnt. Die Fäuste schaffen dicke Skripten, und die Köpfe bleiben leer – Forschung und Leere eben. Das war schon im Mittelalter so und stört Sie längst nicht mehr. Auch die monotone Art des Vortrags, ohne bewußt eingesetzte rhetorische Pausen, ohne Betonung, ohne Zusammenfassung, ohne lebendige, unterstützende Gestik, die Hand in der Sakkotasche, kurz gesagt ohne Elan, läßt Sie kalt, obwohl Sie noch im ersten Semester Ihrer Oma zur Behebung ihrer Schlafstörungen einige Vorlesungen verschreiben wollten.

Was Sie allerdings tierisch ankotzt, ist der Umstand, daß sich jener Wicht da vorne, obwohl die Installation der Mikrophone und Lautsprecher den Steuerzahler sicher ein Schweinegeld gekostet hat, trotz seiner Fistelstimme in einem mit 400 Leuten besetzten Hörsaal standhaft weigert, diese Geräte auch zu benutzen. Jeden Unteroffiziersanwärter, der sich erdreistete, einen vergleichbar schlechten Vortrag zu halten, würde man so tief durch den Dreck robben lassen, daß er mit der Nase eine Furche gräbt und diese mit den Eiern wieder zuwedelt ...

Während sich die Reihen lichten und Ihr Freund pausenlos am Fluchen ist: „Das ist ja wohl der Gipfelpunkt methodisch-didaktischer Unfähigkeit! Ich möchte mal wissen, was in dem verfaulten Hirnbrei dieser vollgeschissenen Menschenhaut vorgeht! So einer will mir was von Effizienz erzählen! Multimediazeitalter, oder was?!" sind Sie schon längst wieder damit beschäftigt, Ihrem bezaubernden kleinen Spatzenkind zwei Löcher in den Rücken zu starren.

Wohlerzogen, wie sie ist, hat sie keineswegs ihre Sachen zusammengepackt und den Hörsaal während der laufenden Vorlesung verlassen, sondern sich statt dessen in das Informationsheft über das Sportangebot des Sommersemesters vertieft. Auch Sie haben sich mittlerweile entschlossen, aus dieser „Vorlesung" noch das Beste zu machen, und beugen sich zu ihr vor: „Entschuldigung! Kannst du mal bitte nachsehen, wann die Anmeldefrist für den Tanzkurs endet?"
„Der erste Mann, der tanzen will!" meint sie, während sie Ihnen das Heft nach hinten reicht. „Ich bräuchte noch eine Partnerin, hättest du nicht Lust?" Stammelnde Worte der Ablehnung dringen an Ihr Ohr.
„Ah, die erste Frau, die nicht tanzen will!" ziehen Sie sich als nie um einen spontanen Spruch verlegenes Bürschchen aus der Affäre.
Die amüsierten Blicke der in Ihrem Umkreis Sitzenden geben Ihnen die Gewißheit, einen wesentlichen Beitrag zur allgemeinen Unterhaltung geleistet zu haben. In Anbetracht der schlechten Vorlesung zweifelsohne eine gute Tat.

Vielleicht gehören Sie auch zu den ganz Lässigen:

Mittagszeit, das „Kotz" ist dicht besiedelt. Sie kommen gerade mit einem vollbeladenen Tablett von der Kasse und sehen an einem Zweiertisch ein hübsches Blondi sitzen.
Selbstbewußt steuern Sie darauf zu, knallen ihr das Tablett auf den Tisch und sind auch schon im Begriff, sich mit einem „Hi!" zu setzen. Während Ihr Arsch noch in der Luft schwebt, beginnt sie schon laut zu protestieren. Plötzlich bekommen Sie von hinten einen Schubs: „Ey, Junge, verpiß dich von mein Platz!" Die weitere Entwicklung der Lage können Sie sich selbst ausmalen. Mit etwas Glück und sprachlichem Geschick verlieren Sie weniger als drei Zähne.

Ob Sie sich nun eher mit Samuel Schüchtern, Bruno Baff, Rudolph Rumpel, Sebastian Spontanentschlossen oder Nathan Naßforsch identifizieren können – vielleicht gehören Sie auch zu jenen, die von einem Extrem ins andere fallen – eines steht in jedem Falle fest: Sie wenden die falsche Angriffstaktik an, und aus diesem Grunde kann Ihr Erfolg nur ein suboptimaler sein. Von einer effizienten Nutzung

Ihrer Ressourcen und Chancen keine Spur! Daher bleiben Sie weit hinter Ihren Möglichkeiten zurück. Die Folge davon: Sie verkaufen sich entweder erheblich unter Wert oder überhaupt nicht.
Während Samuel Schüchtern und Bruno Baff sich in der Regel ihrer Schwächen bewußt sind, scheitert es bei Rudolph Rumpel, Sebastian Spontanentschlossen oder Nathan Naßforsch meist schon an der Problemerkennung. Da sie durchaus zu mutigen, hin und wieder auch von Erfolg gekrönten Aktionen befähigt sind und dafür im Freundeskreis als Machos anerkannt, oft sogar beneidet und um Rat gefragt werden, ist es ihnen nahezu unmöglich, eigenes Fehlverhalten als Ursache für die Erfolglosigkeit mancher Angriffe auszumachen. Ihre Rückschläge erklären sie sich mit der keineswegs zu bestreitenden Tatsache, daß man bei manchen Frauen eben keine Chance hat. Was sie bei dieser Erkenntnis jedoch völlig außer acht lassen, ist der Umstand, daß sie oftmals nicht diejenigen waren, die keine Chance hatten, sondern vielmehr diejenigen, die der Frau aufgrund ihres Verhaltens keine andere Chance ließen, als ablehnend zu reagieren.

Erfolgsentscheidend im Umgang mit Menschen ist die Befähigung Bedürfnisse zu wecken, die der eigenen Absicht dienlich sind. Auf unseren Problemkreis übertragen bedeutet dies über den eigenen Bedürfnisrand hinauszublicken und der Frau zu suggerieren, daß man „der Richtige" sei.
Manche besitzen diese magische Fähigkeit und haben, obwohl optisch eher unscheinbar, einen so überwältigenden Erfolg bei Frauen, daß der Fachmann staunt, während der Laie sich wundert und Sie sich fragen: „Was hat dieser Blödmannsgehilfe bloß, was ich nicht habe?" Bei der holden Weiblichkeit nachfragend, warum ihnen ausgerechnet dieser Mann derart attraktiv erscheint, daß seine Anwesenheit Stürme der Begierde auslöst, erhält man die vielsagende Antwort: „Er hat eben das gewisse Etwas."
Oft drängt sich einem dann der Verdacht auf, daß viele Frauen gar nicht wissen, welch ausgeklügeltem Einsatz von Wunderwaffen sie überhaupt erlegen sind. Auch die meisten Männer wissen nicht, warum sie bei Frauen ankommen, von denen, die nicht ankommen, einmal ganz zu schweigen, nicht, daß sie unfähig wären, dies zu ver-

balisieren, sie wissen es wirklich nicht. Ich schon! Und Sie werden es auch bald wissen, denn dieses Buch steckt voll von jenen Gewisses-Etwas-Komponenten, die für den Erfolg bei Frauen verantwortlich sind.

Möglicherweise wird einigen von Ihnen bereits dämmern, was Samuel Schüchtern, Bruno Baff, Rudolph Rumpel, Sebastian Spontanentschlossen und Nathan Naßforsch im einzelnen falsch gemacht haben – was alle anderen einschließlich Sie natürlich richtig machen! Dennoch bitte ich nach der Lektüre dieses Buches nochmals zu unseren fünf Freunden zurückzublättern. Dann werden Sie nämlich nicht nur befähigt sein, deren Fehler zu erkennen (Fehler anderer zu erkennen, ist nicht schwer!), sondern auch aus den beschriebenen Situationen das Beste zu machen.

2. Persönliche Erfolgsfaktoren

Den durchschlagendsten Erfolg bei der holden Weiblichkeit haben grundsätzlich all diejenigen zu verzeichnen, die es verstehen, sich auf geschickte Art und Weise zu vermarkten.
Woraus, so mag sich vielleicht manch einer etwas unbedarft fragen, resultiert überhaupt die Notwendigkeit, sich selbst vermarkten zu müssen? Mit jener Frage sind Sie auf ein Problem gestoßen, welches jeder von uns mit dem Reh im Wald, dem Nashorn in der Savanne, dem Wolf in der Steppe, dem Eisbären am Pol, der Spinne im Keller, der Made im Kühlschrank und der Laus auf der Leber teilt. Dieses Problem ist, wie die Schlauen unter Ihnen bereits richtig festgestellt haben werden: die Konkurrenz.
Da Sie nun mal nicht das einzige Produkt auf den Partnerschafts- und Beziehungsmärkten sind, besteht die Notwendigkeit, potentiellen Abnehmern zu suggerieren, besser als die Konkurrenz zu sein.
Wie jedes andere Produkt weisen auch Sie bestimmte Eigenschaften auf, welche Sie attraktiv erscheinen lassen, und solche, die eher verkaufshemmend wirken. Im Folgenden wollen wir diese Produkteigenschaften der Reihe nach auf ihre Erfolgswirksamkeit hin untersuchen und daraus Anweisungen für ein optimales, den Erfolg maximierendes Verhalten ableiten. Die meisten Ihrer „fundamentalen Daten" sind nämlich, wie Sie gleich feststellen werden, veränderbar. Ob und in welche Richtung Sie eine Veränderung vornehmen sollten, ist Gegenstand dieses Kapitels.
Es liegt also ausschließlich in Ihrer Hand, den Marktwert zu erhöhen, um die Nachfrage steigen zu lassen. Ist das nicht beruhigend?
Mit anderen Worten: So Scheiße können Sie in Ihrer Wirkung auf Frauen gar nicht sein, daß man dies durch zielgerichtetes Handeln nicht korrigieren könnte. Jaja, ich weiß, derart deutlich hätte ich mich gar nicht auszudrücken brauchen. Als schlauer Fuchs haben Sie diese Botschaft natürlich längst herausgehört!

2.1. Der Körper

Ihr Körper, das Produktdesign sozusagen, stellt einen nicht unerheblichen das weibliche Auswahlverhalten beeinflussenden Faktor dar. Dieser Umstand liegt ganz einfach darin begründet, daß der Körper nebst der Bekleidung das erste ist, was wir von einem Menschen schon auf größere Entfernung wahrnehmen können.
Wie das farbenfrohe Federkleid vieler Vogelmännchen unschwer erkennen läßt, spielt die Optik bei der Partnerwahl im Tierreich eine ähnlich entscheidende Rolle. Dort sind insbesondere Größe, körperliche Kraft und Gesundheit für den Erfolg des Männchens im Brunftgeschehen entscheidend. Es ist der Stärkste, der sich im Kampf um das Weibchen durchsetzt, dessen Schutz es sich anvertraut, dessen blitzende Augen, glänzendes Fell und mächtiger Körperbau den gesunden Nachwuchs zu garantieren scheinen der für die Arterhaltung so wichtig ist.
Falls Sie der Meinung sind, daß sich daran, im Vergleich zu unseren Vorfahren, den Primaten, bis heute nichts geändert hat, sollten Sie schleunigst einige Stadien menschlicher Entwicklung nachholen – Ich warte hier solange ...
Spaß beiseite! In gewisser Weise haben Sie gar nicht so unrecht. Zwar ist es nicht mehr so, daß Mann im Wald verschwindet und sich eine geeignete Bambusstange pflückt, um damit auf die Konkurrenz einzuprügeln, bis sie sich biegt. (Ein derartiges Vorgehen ist glücklicherweise nicht mehr ganz zeitgemäß, wenngleich manch einer immer noch glaubt, das Weibchen durch eine aggressive Posingkür beeindrucken zu können.) Aber schlagen Sie doch einmal die Magazine, Zeitschriften und Kataloge auf, betätigen Sie die Fernbedienung Ihrer Glotze, was lacht Ihnen dort entgegen? Was ist an jeder zweiten Straßenecke plakatiert? Der Prototyp für Kraft, Sportlichkeit, Draufgängertum, Leistungsfähigkeit, Fitness und Gesundheit. Durchtrainierter Körper, breite Schultern, perfekt ausgearbeitete Brust, V-förmiger Rücken, muskelbepackte Arme, verwegener Blick, nicht zu vergessen: Knackarsch und Waschbrettbauch. Das männliche Schönheitsideal unserer Zeit. Diese Bilder wirken! Zu Werbezwecken werden jahrtausendealte Urinstinkte erfolgreich geweckt. Das Dauer-

bombardement durch die Medien hinterläßt seine Spuren. Eine Frau, die etwas auf sich hält, hat solch einen Mann zu haben!

Bevor Sie nun die Panik befällt, weil Sie denken, diesem Ideal nie gerecht werden zu können, bleiben Sie ruhig! Beine hochnehmen und den Schock bekämpfen! Es ist gewiß nicht so, daß Sie nur dann bei Frauen ankommen, wenn Sie den Körperbau eines Zehnkämpfers besitzen. Die Figur stellt lediglich ein Auswahlkriterium unter vielen anderen dar. Allerdings ein entscheidendes, und da die Figur nun einmal mit das erste ist, was wir an einem Menschen wahrnehmen, handelt es sich dabei leider oftmals um ein Knockout-Kriterium.
Mal ehrlich, träumen Sie nicht auch davon, daß Ihre Partnerin im Bikini eine knackige Figur abgibt? Denken Sie, daß Frauen in bezug auf diese Tatsache grundsätzlich anders strukturiert sind? Daß sie nicht von einer heißen Beach-Figur, einem durchtrainierten Männerkörper träumen, insbesondere dann, wenn sie selbst mühsam dafür gekämpft haben, die attraktive Bikini-Maus zu sein?

Falls Sie sich jetzt sagen: „Ich habe schon immer gewußt, der Stärkste und Kräftigste, derjenige mit dem größten Bizeps und der breitesten Brust sein zu müssen, um endlich bei Frauen anzukommen", sind Sie nicht nur einem auf echt animalischen Instinkten beruhenden typisch männlichen Irrtum aufgesessen, sondern zeichnen sich darüber hinaus durch die geistige Reife eines Zwölfjährigen aus, dem das Pausenbrot weggenommen wurde, und der nun sehnlichst davon träumt, endlich groß und stark zu werden, um seine Widersacher einmal gehörig zu verdreschen.
Wie sagten vor kurzem einige meiner Freundinnen, auf dieses Thema angesprochen, so schön: „Ist euch überhaupt schon mal aufgefallen, daß nicht wir Frauen, sondern Idioten wie ihr die größten Fans von Arnold Schwarzenegger sind? Euch fehlt es nicht an Muskel-, sondern an Gehirnmasse!"
Welch garstige Worte! Garstig, dafür aber um so wahrer. Was viele von uns idealisieren, ist nämlich von dem, was Frauen wollen, meilenweit entfernt. Mit dem Sechziger-Oberarm beeindrucken Sie nicht vorwiegend die Frauen- sondern die Männerwelt. Sie arbeiten sozu-

sagen am Markt vorbei. Absatzerfolge erzielen Sie jedoch lediglich dann, wenn Sie, über den Rand Ihrer eigenen Bedürfnisse hinausblickend, das produzieren, was auch nachgefragt wird.

Einer jener unappetitlichen Fleischkolosse hat sich einmal bei seinem Trainingspartner ausgeheult: „Meine Freundin verlangt von mir, mit dem Training aufzuhören. Sie hat gesagt, so wie ich aussehe, das sei schon nicht mehr schön." Liebevoll wurde er getröstet: „So ein Schmarrn! Trainier bloß weiter! Du hast einen tollen Masseaufbau, und das mit der Definition kommt automatisch, du wirst schon sehen. Die sagt das doch nur aus Angst, dich zu verlieren! Wahrscheinlich hat eine ihrer Freundinnen gesagt: ‚Dein Thomas sieht aber verboten gut aus.' Glaub mir, das ist alles nur Eifersucht! Das darf man nicht überbewerten."

Sie sehen also, es gibt für alles eine logische Erklärung, wenn man nur ein bißchen erfinderisch ist. Übrigens, ich habe meiner Freundin gestern auch empfohlen, sich eine Narbe ins Gesicht ziehen zu lassen, weil ich sie liebe und sie nicht eines Tages an die Konkurrenz verlieren will. Harr, harr! Gelächter! Nehmen Sie dies als charakteristisches Beispiel dafür, welch bedenkliche Werteverschiebung sich bei manchen Männern in dem Bestreben, Frauen zu beeindrucken, bereits vollzogen hat.

Dabei könnte alles so einfach sein, wenn Mann nur die Augen öffnen würde. Es ist, wie es meistens ist: Das Extreme gefällt nur den Wenigsten und verschreckt die Masse. Diejenigen, denen es gefällt, akzeptieren das Normale in aller Regel auch.

Bleiben Sie also auf dem Teppich. Sie müssen nicht zum Hulk Hogan mutieren, um bei Frauen anzukommen, im Gegenteil! Überlassen Sie das Stemmen tonnenschwerer Gewichte und kiloweise Eiweißfressen, vom Anabolikaspritzen einmal abgesehen, ruhig den Exoten der Kraftsport- und Bodybuildingszene, die manche Fitneßstudios zum Schrecken vieler Frauen, lautstark und nie um einen blöden Machospruch verlegen, noch bevölkern.

Während Verena Fitneßstudios, die von „ekelerregend aufgedunsenen Fleischbergen mit Hauklotzköpfen, welche aussehen, als würden sie im nächsten Moment nüßchenfressend auf allen vieren davonlau-

fen", dominiert werden, ängstlich meidet, ist Claudia da schon um einiges toleranter: „Laß sie doch da sein, die armen Deppen. Hier sind sie wenigstens aufgeräumt. Wer weiß, was ihnen womöglich sonst alles einfallen würde? Das Abitur nachzuholen gewiß nicht! Irgendwie müssen sie ja auch ihre Komplexe kompensieren."
Ich bin mir durchaus bewußt, daß diese Aussagen geeignet sind, Pulsschlag und Blutdruck einiger Leser spürbar zu erhöhen, was sehr, sehr ungesund ist und außerdem ziemlich uncool kommt, doch sind dies nicht meine Worte. Packen Sie also Ihre Totschläger und Stilettos getrost wieder ein! Gerade weil dem so ist, sollten Sie ihnen Glauben schenken! Sprachlich in demselben derben Ton, den wir Männer so lieben (können Frauen zynisch sein!) drücken sie genau das aus, was unseren Untersuchungen zufolge 87% aller Frauen denken. Seien Sie also dankbar, auf wenn auch etwas schmerzliche, dafür aber um so eindringlichere Weise endlich diese Erkenntnis zu erlangen. Wir erinnern uns: Sie lesen dieses Buch, um endlich herauszufinden, was Sie als Einziger richtig und alle anderen falsch machen.

Die Tatsache, daß Sie als überzüchteter Muskelkoloß ebenso wenig ankommen wie als aufgeschwemmter Fettsack oder als ausgemergeltes Klappergestell, ist nahezu über jeden Zweifel erhaben. Blättern Sie einmal nach, wie der Mann, den uns die Werbepsychologen als Ergebnis einer jahrzehntelangen Marktforschung präsentieren, beschaffen ist: weder plump und überproportioniert noch gebrechlich und degeneriert, vielmehr wohlproportioniert und definiert.
Ein Ideal, welches sich seit der Antike nahezu unverändert bis in das vom pulsenden Leben erfüllte Geschehen unserer Tage erhalten und seine vollkommenste Verkörperung im griechischen Leichtathleten – versinnbildlicht durch den Diskuswerfer des Myron – gefunden hat. Der Glanz des Ewigen strahlt von den Steinen der Akropolis und des Parthenon noch ebenso hehr wie einst, das Sinnbild klassischer Schönheit hat sich über die Jahrtausende hinfort bewahrt und übt bis in unsere Zeit einen unverändert magischen Reiz auf alle Geschlechter aus ...

Auch wenn Sie mittlerweile vielleicht schon in Spikes und Wettkampftrikot bereitstehen, fest entschlossen, sich das Heil dieser Welt – Schönheit, Ausdauer, Kraft, Gesundheit und Jugend – zu erzwingen, sollten Sie sich noch etwas gedulden. Sport will nämlich richtig betrieben werden! Ansonsten ziehen Sie sich dadurch mehr Schaden als Nutzen zu! Sollten Sie auf dem Gebiet der Trainingslehre ein völlig unbedarftes Bürschchen sein, ist es durchaus sinnvoll, sich in einem Sportverein oder Fitneßstudio in die Obhut erfahrener Trainer und Übungsleiter zu begeben.

Keine Sorge, Sie müssen deshalb keineswegs zum Leistungs- und Wettkampfsportler oder gar zum Olympiaanwärter im Zehnkampf mutieren. Es existieren genügend Vereine und Übungsgruppen, welche sich ausschließlich dem Breitensport verschrieben haben. Dort besteht die Möglichkeit, Ihren maroden Körper wieder ein wenig auf Vordermann zu bringen, ihn leistungsfähiger, attraktiver, gesünder und ausdauernder zu machen. Kurz gesagt, Eigenschaften auszubilden, welche Ihnen nicht nur beim Matratzensport zugute kommen!

Für den Fall, daß Sie derjenigen Sippschaft angehören, die jeden Morgen wehklagend vor dem Spiegel steht und ihre schlechte Veranlagung für ihr degeneriertes Erscheinungsbild verantwortlich macht, lassen Sie sich eines gesagt sein: So verhunagelt können Sie gar nicht auf die Welt gekommen sein, daß man diesen Zustand durch gezieltes Training nicht verbessern könnte! Jeder Mensch ist in der Lage, im Rahmen der ihm von der Natur vorgegebenen Konstitution einen ansprechenden Körperbau zu entwickeln!

Ich erinnere nochmals daran: Auf allen vieren laufen und Nüßchen fressen ist nicht Trainingsziel! Folglich brauchen Sie auch nicht zu warten, bis man endlich Arnold Schwarzeneggers genetische Struktur zu raubkopieren in der Lage ist.

Ich kenne Menschen, die ihre Muskelmasse verdoppelt, und solche, die ihre Körperfettmasse halbiert haben. Kommen Sie mir also bitte nicht mit dem Satz angeschissen: „Ich bin halt mal dick, das ist Veranlagung, da kann man nichts machen." Sie wollen doch vermeiden, daß ich stinksauer werde?!

Wie ideenreich Sie bei der Erfindung von Ausreden auch sein mögen, es gibt keinerlei vernünftigen Grund, sich dem Fitneßtrend unserer

Tage nicht anzuschließen. Neben einer Erhöhung visueller Reize ist sportliche Betätigung in vorzüglicher Weise geeignet, Ihre Gesundheit, Ihr Wohlbefinden, Ihre Leistungsfähigkeit, und damit letzten Endes auch Ihr Selbstbewußtsein zu steigern. Sie können also erheblich an positiver Ausstrahlung gewinnen!
Besonders dann, wenn Sie zu denjenigen gehören, die von ihrer Partnerin eine durchtrainierte Figur erwarten, sollten Sie auch selbst topfit sein. Darauf, daß Sie von so einer nicht nur im Bett gefordert werden, gebe ich Ihnen Brief und Siegel. Sollten Sie sich bereits nach den ersten zehn Minuten eines gemeinsamen Tennismatchs die Lunge aus dem Leib reihern oder schon nach den ersten hundert Metern Waldlauf abkacken, werden Sie sicherlich einen unvergeßlichen Eindruck hinterlassen. Nur eben keinen guten!

Eng mit den Körperproportionen verbunden ist die Körpergröße. Sehr zum Leidwesen einiger Männer, namentlich aller „zu klein geratenen", wünschen sich viele Frauen einen Partner, der ein Stück größer ist als sie selbst. (Nicht: ... wie sie selbst. Das erklärt einige Fünfer im Fach Deutsch, Andrea!!! Wir tun auch nicht aufstehen und machen keine Unfälle. Wir tun es höchstens, um Dir ein Kind zu machen!)
Ödenblöderweise ist die Körpergröße, wieviel Kunstdünger Sie sich auch immer in die Schuhe schaufeln mögen, unveränderbar. Ob dieser Tatsache können Sie nun Zeit Ihres Lebens todunglücklich, klein und komplexbeladen sein oder auch nicht.
Bevor Sie allerdings auf Stelzen oder Plateauschuhen umherzustaksen beginnen und sich damit erst recht zum Gespött der Leute machen, sollten Sie sich lieber eines alten englischen Gebets erinnern:

> *Gott gebe mir*
> *die Gelassenheit,*
> *Dinge hinzunehmen,*
> *die ich nicht ändern kann,*
> *den Mut,*
> *Dinge zu ändern,*
> *die ich ändern kann,*

*und die Weisheit,
das eine vom anderen
zu unterscheiden.*

Um es noch einmal ins Gedächtnis zu rufen: Wir befinden uns auf der Suche nach dem optimalen Verhalten, und nicht auf einer Badefahrt ins Selbstmitleid! Es gibt im Leben eine Vielzahl von Dingen, die man als gegeben hinnehmen muß, was uns allerdings nicht daran hindern sollte, das Beste aus diesem Leben zu machen.
Jedem, der obige Weisheit zu verinnerlichen in der Lage ist, sei gesagt: Ein strahlender Morgen dämmert herauf!

Den Umstand, daß es eben Frauen gibt, welche größer sind als Sie, gilt es daher ohne Klagelaute zu akzeptieren! Deren häufig geäußerter Wunsch nach einem größeren Mann sollte Sie nicht irritieren, da er mehr ein allgemeiner denn ein personifizierter ist. Mit anderen Worten: Sie werden nicht deshalb abgelehnt, weil Sie zu klein sind. Vermindern Sie also Ihre Chancen nicht dadurch, daß Sie ausschließlich kleinere Frauen als Partnerin in Betracht ziehen! Es sei denn, Sie wollen eine Zwergenzucht eröffnen!

Nachdem wir nun fast alle Problemzonen des männlichen Körpers durchdiskutiert haben (zum Thema Schwanzlänge sei nur soviel gesagt: Wer hat, der hat, und wer nicht hat, muß eben die Frequenz erhöhen, um dieselbe Reibung zu erzielen. Ich kann nur hoffen, daß der Band „Vögeln, aber richtig – Wie ich's einer Frau besorge" erscheint, bevor Sie jetzt zur Nähmaschine werden), gelangen wir zum Allerheiligsten: dem edlen Haupt, Ihrer Schandfresse sozusagen.

Es gibt mit größter Sicherheit niemanden, der nicht schon irgendwann einmal vor dem Spiegel gestanden hat und mit der Visage, welche ihm aus diesem entgegengrinste, höchst unzufrieden war. Egal, ob Sie nun Marilyn Monroe oder Karl Napf heißen, jene nagenden Selbstzweifel kommen wohl ausnahmslos jedem Menschen bekannt vor. „Bin ich schön?", so lautet die bange Frage, von deren kritischer

Selbstbeantwortung Freud und Leid in entscheidender Weise abhängen.

Tut es not, sich von Fragen bewegen zu lassen, auf die es keine objektive Antwort gibt? Schönheit ist nämlich alles andere als etwas, das sich objektiv beurteilen ließe. Was Sie in den Spiegel blickend sehen, oder besser gesagt sehen zu können glauben, ist keineswegs identisch mit dem, wie andere Sie sehen. Was Sie vielleicht als häßlich empfinden, empfinden andere wiederum als besondere persönliche Note, als etwas, das Sie liebenswert erscheinen läßt. Schönheit stellt keinen absoluten Wert dar und bleibt daher etwas Abstraktes, Undefinierbares, dem subjektiven Empfinden des einzelnen Unterworfenes.

Wie jeder von Ihnen weiß, läßt sich über Geschmäcker bekanntermaßen streiten. Ob es sich dabei nun um Baustile, Malerei, Musikrichtungen oder das Design von Cowboystiefeln handelt. So grundverschieden, wie die Menschen, sind auch ihre Einstellungen. Was den einen hehrstes und teuerstes Gut dünkt, findet ein anderer in höchstem Maße verabscheuungswürdig. Dies ist, mangelnde Toleranz vorausgesetzt, mit ein wesentlicher Grund für den Unfrieden auf dieser Welt, trägt aber andererseits auch in entscheidender Weise zum Frieden bei. Was nämlich, denken Sie, würde lossein, wenn alle Männer dieser Welt nur mit einer bestimmten Frau glücklich werden zu können glaubten?

Die Tatsache, daß ein solcher Einheitsgeschmack unter uns Menschen nicht existiert, ist eine Chance für alle. Auch für Sie! Es gibt auf dieser Welt Hundertschaften von Frauen, deren Geschmack Sie mit Ihrem Äußeren treffen. Ihr Auftrag ist es daher: erstens diese ausfindig zu machen, zweitens diejenigen herauszufiltern, welche auch Ihrem Geschmack entsprechen, und drittens diese auf eine Art und Weise kennenzulernen, die Ihnen die beste Option für eine sich daraus entwickelnde Beziehung bietet. So einfach ist das! Je mehr Sie von dieser Vorgehensweise abweichen, desto größer wird die Wahrscheinlichkeit für eine Niederlage.

Diese Welt ist ein schier unerschöpfliches Revier, in welchem sich eine Unmenge von Wild tummelt. Sie brauchen nur danach zu jagen.

Vermeiden Sie es jedoch, sich ausschließlich auf ein Ziel einzuschießen: Genau die und keine andere muß es sein! Obwohl Sie unglücklicherweise nicht ihrem ausgefallenen Geschmack entsprechen, schmachten Sie Tag für Tag nur nach ihr. Sie ist ja sooo süß ...
Herzlichen Glückwunsch, Fred Ödenblöd! Sie haben soeben Ihren Arsch am Hochsitz festgeleimt. Und weil ich soviel Elend nicht mit ansehen kann, will ich Ihnen als guter Freund einen noch viel besseren Rat geben: Bleiben Sie flexibel und halten Sie die Augen auf! Es springt soviel zartes Fleisch durch die Pampa, daß niemand zu hungern braucht.
Wie es auf dieser Welt sicherlich Frauen gibt, die man Ihnen auf den Bauch binden könnte, und nichts würde passieren, ist es auch umgekehrt. Manche Frauen sind einfach nicht zu erlegen, da können Sie sich auf den Kopf stellen und mit dem Arsch Fliegen fangen. Dies mag zwar eine schmerzhafte Erkenntnis sein, die Sie da zu akzeptieren haben, dennoch sollte Sie dieser Umstand keineswegs kränken, und vor allem: Nehmen Sie's nicht persönlich, denn es liegt nicht etwa daran, daß Sie nicht attraktiv wären. Die Geschmäcker sind nun einmal verschieden. Allerdings ist diese Verschiedenheit, wie wir bereits festgestellt haben, auch eine Chance.
Gute Beute machen Sie dann, wenn Sie mit der Angel fischen und dem Drilling jagen. Und nicht umgekehrt! Wenn Sie sich einmal damit abgefunden haben, daß Sie als Jäger die Anschlagsarten und als Fischer das Zücken der Rute beherrschen müssen, und alles andere für Sie so uninteressant ist, wie wenn in Peking ein Teebeutel platzt, sind Sie dem Erfolg schon einen ganz entscheidenden Schritt nähergekommen.
Werden Sie also nicht zu des Wahnsinns fetter Beute, indem Sie mit der Angel nach dem Flugwild schlagen, sondern machen Sie fette Beute, indem Sie die Vögel ziehen lassen und statt dessen einen Merlin nach dem anderen auf Ihre Yacht hieven. Denn reich wie das Meer an Fischen sind auch Sie an Chancen. Sie müssen nur oft genug hinausfahren, um den Fang Ihres Lebens zu machen. Mit etwas Glück und nachdem Sie meine Fischereiausbildung erfolgreich durchlaufen haben, werden Sie mehr Frauen an Land zu ziehen befä-

higt sein, als Sie je „derwergeln" können. Ich hoffe, Sie wissen nun endlich, wer Fishermen's friend in Wirklichkeit ist!

„Das mag ja alles sein", werden Sie jetzt vielleicht sagen, „trotzdem hätte sich Otto Lilienthal die Konstruktion seiner Segelgleiter wahrscheinlich sparen können, wenn er meine Ohren gehabt hätte. Sie wollen mir doch wohl, Verschiedenheit der Geschmäcker hin oder her, nicht erzählen, daß dies irgendeiner Frau gefällt?!" Oder: „Obwohl ich auf dem linken Auge keineswegs blind bin, kann ich nicht erkennen, was sich vor mir abspielt, da mein Gesichtserker so schief und lang ist, daß ich nicht daran vorbeisehen kann. Vermutlich bin ich bei meiner Geburt mit der Nase über einen Hubbel in der Gebärmutter gerutscht." Oder: „Ich bin nicht nur der Ohrenkaktus, sondern auch der Nasenbär. Einige haben sogar schon gefragt, ob ich mich von Termiten ernähre!"
Auch für den Fall, daß Du ein Ausbund von Häßlichkeit bist, kann ich Dir Trost spenden, mein Sohn: Zum einen liebt Gott auch Dich, und zum anderen gibt es die Segnungen der plastischen Chirurgie, die auch in der verkorkstesten Visage Anmut und Schönheit zu erwecken in der Lage sind.
Ich möchte Ihnen jedoch eindringlich raten, von dieser Möglichkeit nur in ausgesprochen extremen Fällen Gebrauch zu machen. Denn auch die Schönheitschirurgie wird es trotz ihrer weitreichenden Möglichkeiten niemals schaffen, einen von allen Seiten begehrten Menschen aus Ihnen zu machen. Mit der Tatsache, daß es immer jemanden geben wird, dem Ihr Äußeres nicht gefällt, müssen Sie sich, wie jeder andere Mensch auf dieser Welt auch, einfach abfinden. Je früher, desto besser. Während sich für den Körperbau noch allgemeinverbindliche Ideale finden lassen, ist dies beim Gesicht nicht der Fall. Mit Ihrer markanten individuellen optischen Ausstrahlung fahren Sie daher stets am besten.

Neben den Geschmäckern sind auch die Ansichten grundverschieden: Während Gitte der Meinung ist, Gert hätte keine lange Nase, vertritt Gertrud durchaus diese Ansicht, und doch entspricht dies ihrem Geschmack.

Zudem ändert der denkende Mensch nicht nur seine Meinungen und Ansichten, sondern auch seinen Geschmack. So kann es durchaus sein, daß eine Frau, welche Sie auf den ersten Blick nicht besonders attraktiv findet, sich plötzlich in Ihr Äußeres verliebt. Manch edle Schönheit erschließt sich dem Betrachter eben nicht gleich auf den ersten Blick! Darüber, daß die richtige Taktik des Kennenlernens derartige Vorgänge entscheidend zu unterstützen in der Lage ist, brauche ich wohl keine Worte mehr zu verlieren.

Fassen wir also zusammen: Sowohl die Art, wie jemand etwas wahrnimmt, als auch die Art, wie er das Wahrgenommene empfindet, ist von Mensch zu Mensch verschieden. Die Arten der Empfindung und Wahrnehmung sind zudem einem permanenten zeitlichen Wandel unterworfen.
Aufgrund dieser Tatsache können Sie auch unter dem Einsatz teuerster und modernster Operationstechniken nie zu einem von allen Frauen begehrten (optisch begehrten! Ich erinnere nochmals daran, daß wir uns in diesem Abschnitt ausschließlich mit dem Erfolgsfaktor Design beschäftigen) Schönheitsideal mutieren.
Es besteht sozusagen ein Informationsproblem: Obwohl kosmetisch fast alles machbar ist, wissen Sie nicht, was Sie zu veranlassen haben, um Ihren potentiellen Zielen zu gefallen. Dies sollten Sie sich stets vor Augen halten, ehe Sie beschließen, an sich herumschnipseln zu lassen. Was Sie an Ihrem eigenen Körper stört, muß nicht unbedingt auch Ihren potentiellen Partner stören.
Zudem wissen Sie vorher nie, ob und wie lange Sie selbst das Gesicht akzeptieren, welches Sie plötzlich im Spiegel erblicken und das nicht mehr Ihr eigenes ist. Viele Menschen haben nach einer Schönheitsoperation immense Schwierigkeiten damit, sich mit ihrem neuen Gesicht zu identifizieren, oder werden ihres Wunschaussehens eher überdrüssig als eines Schlagers den man einfach zu oft gehört hat. Dies alles sind Probleme, welche Sie zumindest überdenken sollten.
Wenn Sie Tausende von Mark ablaschen, um ausgerechnet das zu entfernen, was andere gerade als besondere persönliche Eigenart, als das Sie vom Durchschnitt unterscheidende gewisse Etwas lieben und schätzen, können Sie einem nur leid tun. Da bleibt nur zu sagen: Das

war ja wohl ein Griff ins Katzenklo gewesen. Wollen Sie das vielleicht perfekte, aber nichtssagende Gesicht einer Schaufensterpuppe? Wohl kaum! Also seien Sie nicht zu hart zu sich.

Für den Fall, daß Sie glauben, der einzig häßliche Mensch auf dieser Erde zu sein, kann ich Ihnen nur empfehlen, einmal andere zu beobachten. Sie werden, ganz unbewußt Ihre persönliche Geschmacksskala anlegend, erschüttert sein, was auf dieser Erde so alles herumkreucht und fleucht. Noch mehr erschüttern wird Sie allerdings der Umstand, daß oftmals gerade diejenigen, welche Sie für den Abschaum der Menschheit halten, die hübschesten Frauen haben. Mit einem Minimum an Eigenintelligenz läßt sich unschwer erkennen: Die von Ihnen als allgemeinverbindlich angesehene Ordinalskala für Schönheit existiert einzig und alleine in Ihrem Kopf. Heinz ist also gar nicht schöner als Klaus, und Hugo ist keineswegs süßer als Sie.
Glauben Sie mir: Es gibt eine Menge Frauen, deren Geschmack Sie mit Ihrem Aussehen ziemlich genau treffen. Was ich Ihnen jedoch keineswegs verheimlichen will: Es bedeutet oft eine Schweinearbeit, diese ausfindig zu machen. Und das ist auch gerecht so! Erfolg sei auf dieser Welt nur demjenigen beschieden, der seine Ziele mit Grips, Fleiß und Beharrlichkeit zu verfolgen in der Lage ist. Die Tatsache, daß Sie keine Freundin haben, liegt also wohl eher in Ihrer Antriebsarmut sowie anderen Faktoren begründet, auf die ich im Verlauf meiner Ausführungen noch zu sprechen kommen werde, denn in Ihrer Nasen-, Mund- oder Gesichtsform.

Die dominante Strategie erfolgsmaximalen Verhaltens kann daher nur lauten: Akzeptieren Sie sich, so wie Sie sind. Zumal beim Gesicht im Gegensatz zur Fettleibigkeit keinerlei negative externe Effekte auf Leistungsfähigkeit oder Gesundheit in Erwartung stehen.
Die Attraktivität eines Menschen wird nicht hauptsächlich von seinem Aussehen, sondern überwiegend von seiner Ausstrahlung bestimmt. Diese ist im Arsch, wenn Sie gedanklich stets mit dem Problem, anderen vielleicht nicht zu gefallen, beschäftigt sind. Wie Sie sich unschwer vorstellen können, macht Sie die daraus resultierende Befangenheit sicherlich wahnsinnig attraktiv und erfolgreich.

Meist ist Ihr angeblicher Makel selbst gar nicht befähigt, eine sich anbahnende Beziehung zu stören, sondern vielmehr die Ursache für ein grundsätzlich jede Beziehung verhinderndes Verhalten ...
Lernen Sie Ihre Eigenheiten zu akzeptieren! Gerade Ihre Eigenart ist es, welche Ihnen ein besonderes, unverwechselbares Gepräge verleiht und Sie zu einer Persönlichkeit macht. Was wäre denn Kojak ohne seine Glatze, Thomas Gottschalk ohne seine Nase, Verona Feldbusch ohne ihre Probleme mit den Dativ und Dolly Parton ohne ihre großen Ohren?
Zu guter Letzt sollten Sie auch einmal all derer gedenken, die es im Leben um einiges schwerer haben als Sie. Die Gelähmten, die Blinden, die geistig Behinderten, die unheilbar Kranken ...
Trotzdem nutzen viele dieser Menschen ihre Talente und Chancen, finden Kontakt zu anderen und freuen sich über die kleinen Dinge des Lebens. Und Sie? Verschanzen sich hinter einer zu langen Nase oder Segelohren. Daß Sie sich bloß nicht versündigen!

So verschiedenartig die Geschmäcker auch sein mögen, eines sollte Ihnen stets ein natürliches Bedürfnis sein: die Körperpflege.
Dies ist ein Gebiet, auf dem Sie eine ganze Menge falsch, aber auch richtig machen können, also tun Sie es auch. Wenn Sie ständig mit fettigem Haar und tonnenweise Schuppen, üble Ausdünstungen verbreitend, durchs Leben stolpern, wird Ihren Mitmenschen, dessen können Sie sicher sein, der Umgang mit Ihnen bald gewaltig stinken. Durch mangelnde Körperpflege manövrieren Sie sich nämlich nicht nur beim schönen Geschlecht ins sofortige Aus.

Abschließend halten wir fest:
Das Design läßt sich verbessern. Sämtliche jener körperlichen Mangelerscheinungen, mit denen Sie vermeintlich für immer gestraft sind, sind korrigier- oder zumindest kompensierbar.
Kein Grund also für Komplexe, sondern für Taten! Ein maroder Körper läßt sich auf Zack bringen, die liebliche Visage kann Ihnen die plastische Chirurgie derart renovieren, daß Sie Ihre eigene Mutter nicht wiedererkennt, wobei Sie diesen Schritt auf der Grundlage des angesprochenen Problemkreises „Verschiedenheit der Geschmäcker

und unvollkommene Information über deren Verteilung" gewissenhaft überdenken sollten.

Während diese Maßnahmen zeitlich einem längerfristigen Planungs- bzw. Realisierungshorizont zugeordnet sind, lassen sich bei den Erfolgskomponenten Körperpflege und Verpackung (vgl. folgendes Kapitel) relativ kurzfristig, sozusagen „über Nacht" gewaltige Kampfwertsteigerungen erzielen.

Wenn Sie auch der Meinung sind, manche Dinge nicht ändern oder den Vorgang der Änderung nicht abwarten zu können, eines können Sie immer ändern, und sogar sehr schnell: Ihre Einstellung dazu.

Falls Sie sich einbilden, der Unbill dieser Welt hilflos ausgeliefert zu sein, ist dem auch so, Sie müssen nur fest genug daran glauben ...

2.2. Die Bekleidung

Kleider machen Leute. Das ist zwar eine alte Weisheit, dafür ist sie um so wahrer. Wir leben in einer visuellen Welt, einer Welt voller optischer Reize. Neben unserer Psyche wird auch unser Verhalten durch jene Reize in einer ganz entscheidenden Weise beeinflußt.
Besonders deutlich tritt dieser Umstand beispielsweise beim Kauf eines Duschgels zutage. Versetzen Sie sich einmal in die Situation, im Kaufhaus vor einem Riesenregal zu stehen und zum erstenmal in Ihrem Leben aus zwanzig verschiedenen Angeboten ein Produkt auswählen zu müssen. Keine ganz einfache Entscheidung, da sämtliche Produkte etwa in derselben Preisklasse liegen und den Herstellerangaben zufolge ausnahmslos „Super erfrischend", „Hyper pflegend" und „In höchstem Maße hautverträglich" sind. Das Duschgel selbst können Sie weder sehen, riechen, noch auf der Haut fühlen, was Sie sehen, ist lediglich die Verpackung. Diese wird Ihre Kaufentscheidung, sei es nun bewußt oder unbewußt, in einem nicht unerheblichen Maße beeinflussen. Manche Produkte, so gut sie auch sein mögen, gelangen schon allein ihrer Aufmachung wegen nicht in die engere Wahl.

Ähnlich wie mit der Verpackung beim Duschgel ist es mit der Bekleidung beim Menschen. Sie ist das erste was wir schon über Entfernungen, aus denen uns die Gesichtszüge noch undeutlich erscheinen, wahrzunehmen in der Lage sind. Die Bekleidung verhüllt zudem einen wesentlichen Teil unseres Körpers und bildet damit den Anfang jener Wahrnehmungsgeraden, welche der Reihe nach die Abschnitte: Kleidung, Körper und Persönlichkeit durchläuft.
Sich kleiden heißt, wenn auch nonverbal, mit seiner Umgebung zu kommunizieren. Durch die Art, wie wir uns zu kleiden pflegen, fühlen sich die Menschen, denen wir begegnen, entweder auf positive oder negative Weise angesprochen. Unsere Garderobe ist nicht nur charakteristisch für unser Wesen (verschlampt, modern, schick, unauffällig, zurückhaltend, schrill, exzentrisch, lässig, edel, konservativ, spießig, kleinkariert usw.), sondern bringt dieses auch deutlich zum Ausdruck.

Stellen wir uns an dieser Stelle doch einmal die Frage, was den magischen Reiz, welchen manche Frauen auf uns ausüben, eigentlich ausmacht. Ist es nicht der freche Minirock, das heiße bauchnabelfreie Top, die enganliegende Samthose, die schicke Lederjacke, das rückenfreie Kleidchen, kombiniert mit den kniehohen Lackstiefeln, oder die hautenge Markenjeans, kurz gesagt, die stilvoll-elegante Verpakkung, welche uns den Atem raubt und fast um den Verstand bringt? Würde dieselbe Frau in zerschlissenen, weiten Latzhosen oder einem müllsackähnlichen Schafwollüberzieher eine nur annähernd vergleichbare Wirkung erzielen? Mit Sicherheit nicht!

Für Frauen, die bestrebt sind, sich schick und elegant zu kleiden, um überall einen bezaubernden Eindruck zu hinterlassen, stellt das Outfit sicherlich auch bei der Partnerwahl ein wichtiges Entscheidungskriterium dar. Die Ansprüche an das eigene Erscheinungsbild bilden – bewußt oder unbewußt – auch jene Meßlatte, die sie an die Männerwelt anlegen.

Sollten Sie der Meinung sein, bei solch einer Frau mit Ihren inneren Werten und abgetragenen Cordhosen, ausgewaschenen Pullis oder der karierten Badehose Ihres Großvaters landen zu können, sind Sie höchstwahrscheinlich auf dem Holzweg! Da können Sie ein noch so toller Kerl sein, mit jemandem, der so wenig aus sich zu machen versteht, eine Verbindung einzugehen, übersteigt ganz einfach ihr Vorstellungsvermögen. Klar, Sie sind ein super Kumpel ...

Erinnern wir uns der Wahrnehmungsgeraden, die der Reihe nach die sich überlappenden Abschnitte Kleidung, Körper, kommunikative Fähigkeiten und innere Werte durchläuft. Wer schon bei den ersten Punkten nicht überzeugen kann, bleibt meist auf der Strecke.

Mehreren Umfrageergebnissen zufolge üben gutgekleidete Männer auf Frauen eine weitaus größere Anziehungskraft aus als Schlamper. Ein Ergebnis, welches uns nicht sonderlich verwundern dürfte. Auch Männer „schmücken" sich bevorzugt mit reizend gekleideten Frauen.

„Wie habe ich mich nun konkret zu kleiden, um Frauen zu imponieren?" lautet jetzt vielleicht die naheliegende, aber selbstverständlich keineswegs pauschal zu beantwortende Frage. Einige wertvolle Tips können zu dieser Problematik allerdings durchaus gegeben werden:

Grundsätzlich ist anzumerken, daß Sie Ihren eigenen persönlichen Stil zu prägen haben. Dieser wird in entscheidender Weise davon abhängen, ob Sie es lieber topmodisch, betont lässig, seriös, funktionell oder bequem mögen. So unverwechselbar wie Ihr Körper und Ihre Persönlichkeit sind, wird auch die dazu passende Bekleidung sein. Daher sollten Sie es vermeiden, irgendjemanden nachzuäffen. Ein Kleidungsstück paßt noch lange nicht deshalb zu Ihnen, weil es anderen auch steht.

Ein wesentlicher Bestimmungsfaktor für die Wahl der Bekleidung ist die Statur. Aufgabe der Garderobe ist es, Ihre Figur in ein möglichst positives Licht zu rücken, indem sie Vorteilhaftes zu betonen weniger Vorteilhaftes hingegen zu kaschieren hat.

Die fixe Idee „dieses Kleidungsstück ist schön, lediglich meine Figur ist Scheiße, also kaufe ich wenigstens das Kleidungsstück" sollte nicht zu einem Ihren Einkäufen zugrundeliegenden Leitsatz werden. Es gibt für jeden Figurtyp die passende Bekleidung. Für den Fall, daß Sie Ihre Figur verändern wollen, stellt diese eben eine „Übergangsbekleidung" dar, welche dennoch Ihre optischen Reize in optimaler Weise zu unterstützen in der Lage sein sollte. Machen Sie sich bitte nicht zum Gespött der Leute, indem Sie Ihre Kleidung zu einer Planvorgabe für das von Ihnen angepeilte Figurziel verkommen lassen. Zwängen Sie sich also als Fettsack nicht grundsätzlich in zu kleine Größen, während Sie als Spargeltarzan mit dem Ziel, hineinzuwachsen, permanent in viel zu hohen Konfektionsgrößen baden gehen.

Neben der optimalen Unterstützung Ihrer Figur ist auch eine Ihrem Typ angepaßte Kleidung von Vorteil. Kleiden Sie sich so, wie es Ihrer Persönlichkeit entspricht und derart, daß Sie sich in Ihrer zweiten Haut wohlfühlen. Vermeiden Sie es, sich zu verkleiden. Sind Sie mehr ein seriöser, ruhiger denn ein draufgängerischer, verwegener Typ, so verirren Sie sich nicht in Chopperjacken und Fliegeroveralls. Geben Sie statt dessen lieber ein konsistentes Erscheinungsbild ab, indem Sie sich stilvoll und intellektuell kleiden. Als eher unsportlicher Typ sollten Sie auch nicht in US-Airborne-Shirts durch die Gegend wetzen. Als Nichtspringer schon zweimal nicht. Damit geben Sie sich lediglich den Anstrich eines „Möchtegerns".

Ebenso ist eine gewisse Stimmigkeit von beruflicher Tätigkeit, sozialem Status und äußerem Erscheinungsbild wünschenswert. Während man von einem Unternehmer oder Bankangestellten erwartet, daß er in Anzug und Krawatte unterwegs ist, wird Sie mit Sicherheit mehr Gelächter denn Bewunderung empfangen, wenn Sie beispielsweise als Bäckergeselle oder Lehramtsstudent im Smoking einer Rostlaube entsteigen.

Auch sollte Ihre Kleidung dem Anlaß angemessen bzw. der jeweiligen Situation angepaßt sein. So peinlich es ist, zu gesellschaftlichen Veranstaltungen nicht in angemessener Kleidung zu erscheinen, so unangebracht ist es, ständig völlig overdressed durch die Pampa zu wippern. Damit setzen Sie sich lediglich dem Verdacht aus, jener Sorte Mensch anzugehören, welche es offenbar nötig hat. Derartige Wichtigtuer ernten grundsätzlich eher Spott und Hohn als Worte der Anerkennung.

Allzu Auffälliges und Extravagantes sollten Sie als Mann lieber meiden. Die Zebrahose für den Herrn gefällt von tausend Frauen mit etwas Glück vielleicht einer ...

Wollen Sie unbedingt bei einer bestimmten Frau einen guten Eindruck hinterlassen, so sollten Sie sich deren Stil entsprechend einkleiden. Denn selbstverständlich favorisiert unser Geschmack insbesondere diejenigen, welche sich genauso kleiden, wie wir es an uns selbst wünschen. Auch kann sich ein Blick auf die als gut gekleidet erachtete Konkurrenz durchaus lohnen, solange Sie dadurch nicht zu einem schlechten Abziehbild eines Ihrer Rivalen mutieren.

Zusammenfassend läßt sich feststellen, daß Ihre Kleidung in erster Linie zu Ihnen, aber andererseits auch zu denen passen sollte, die Sie auf sich aufmerksam machen wollen.

Für den Fall, daß Sie sich überhaupt nicht sicher sind, was zu Ihnen paßt und was nicht, könnte eine Farb- und Stilberatung für Sie eine durchaus lohnenswerte Investition darstellen. Genauso empfehlenswert ist es, zum Kleiderkauf eine weibliche Beratung Ihres Alters mitzunehmen, gleichgültig, ob es sich dabei um die Schwester oder eine gute Freundin handelt. Auf eines sollten Sie allerdings achten:

Hat sie ihren guten Geschmack dadurch, daß sie es versteht, aus sich selbst etwas zu machen, unter Beweis gestellt?

Ähnlich dem Körper, bedarf auch die Garderobe einer gewissen Pflege. Wechseln Sie Ihre Kleider in nicht allzu langen Intervallen durch, um dem Gerücht, Sie armer Hund hätten nur eine Hose bzw. ein Hemd, nicht unnötig Vorschub zu leisten. Geben Sie Ihre Klamotten, besonders dann, wenn sie verdreckt, verschwitzt oder verraucht sind, in regelmäßigen Abständen zur Wäsche. Dies sollte allerdings mehr einem hygienischen Grundbedürfnis als der Angst, daß es heißen könnte: „Der Saubär stinkt!", entspringen. Auch sollte nach dem Ankleiden ein Blick in den Spiegel zur Selbstverständlichkeit werden. Dadurch lassen sich Schlampereien und Mängel wie ungeputzte Schuhe, nicht komplett eingeschlaufte Gürtel, Hochwasserhosen, ein Fleck auf der Jacke u.ä. am besten erkennen und abstellen.

2.3. Die Persönlichkeit

Während Körper und Bekleidung auf dem Wege zu einer dauerhaften Beziehung lediglich zu überwindende Hürden darstellen, ist die Persönlichkeit für deren Zustandekommen ausschlaggebend. Können wir hinter einem ansprechenden Äußeren keine überzeugende Persönlichkeit entdecken, so stellen jene Äußerlichkeiten lediglich eine schöne, aber leere Hülle ohne jeglichen Wert dar.
Ein guter Freund meinte einmal zu mir: „Ich versteh' nicht, wie du eine so hübsche Frau verlassen konntest." Ich wußte durchaus, warum: aus genau diesem Grunde. Auch die tollste Kulisse ist eben doch nur Kulisse. Die Fassade alleine macht noch lange nicht das Haus, in welchem man wohnen will, aus.

Im Gegensatz zu den Erfolgsfaktoren Körper und Bekleidung, die in wenigen Augenblicken erfaßt und beurteilt werden können, bedarf es zur Ergründung der Persönlichkeit schon eines näheren Kennenlernens.
Unsere Einstellungen, unsere Werte, unser Verhalten, unsere Psyche, unsere Talente und Fähigkeiten, unsere Stärken, aber auch unsere Schwächen, kurz gesagt, jene unzähligen Komponenten, welche die Persönlichkeit bilden und prägen, sind oftmals auch für uns selbst, die wir uns mit Sicherheit länger und besser denn andere kennen, eine Welt voller Geheimnisse. Dies liegt allein schon darin begründet, daß die persönlichkeitsbildenden Faktoren nichts unveränderlich Festgelegtes sind, sondern im Zeitablauf einer ständigen Beeinflussung durch getätigte Erfahrungen unterliegen. Panta rhei – alles ist einem steten Wandel unterworfen, auch der Mensch.
Neben jener aus Umwelteinflüssen resultierenden permanenten Veränderung ist es auch die Komplexität der persönlichkeitsbildenden Komponenten, welche es uns unmöglich macht, einen Menschen in seiner gesamten Wesensart zu erfassen.

Aufgrund der Tatsache, daß wir vor unserer Auswahlentscheidung nicht jeden Menschen auf dieser Welt kennenlernen können haben wir uns der Situation angepaßt, indem wir keine langfristigen Untersuchungen anstellen – denn langfristig gesehen, sind wir alle tot – sondern aus Beobachtbarem mehr oder weniger brauchbare Schlüsse auf die Persönlichkeit ziehen.

Dabei tasten wir uns auf der Wahrnehmungsgeraden vor und schließen beispielsweise von der Kleidung auf den Geschmack, vom Gesicht – getreu der Weisheit „Das Gesicht ist der Spiegel der Seele" – auf den Charakter, vom Körperbau auf Sportlichkeit, Ehrgeiz sowie sexuelle Leistungsfähigkeit, von den kommunikativen Fähigkeiten auf den geistigen Horizont, von der Art, mit anderen Menschen umzugehen, auf die Art, mit dem Partner umzugehen, ... Diese Liste ließe sich beliebig verfeinern und fortsetzen.

Die positiven Eindrücke kumulieren sich, bis ein gewisses, nicht quantifizierbares signifikantes Niveau überschritten wird und man verliebt ist.

Welche Eindrücke nun anziehend oder abstoßend auf uns wirken, unterliegt einer von Mensch zu Mensch verschiedenen subjektiven Bewertung. Auf diese Bewertung nehmen eine Vielzahl von Faktoren Einfluß: z.B. Kindheitserlebnisse, übernommene Klischees, mit anderen Menschen und Partnern gemachte Erfahrungen, zeit- und kulturbedingte Ideale usw.

Stimmen die ersten Eindrücke, die ein Mensch hinterläßt, mit unseren Idealen überein, so neigen wir dazu, unsere Wunschvorstellungen auf den Betreffenden zu projizieren. Wir sehen den anderen sozusagen „durch die rosarote Brille". Doch die Erforschung der Persönlichkeit ist ein andauernder Prozeß in dessen Verlauf es zu einer mehr oder minder starken Desillusionierung kommt. Wir erkennen, daß der Partner in Wirklichkeit ein anderer ist als das Bild, welches wir uns von ihm gemacht haben, und fühlen uns oftmals getäuscht.

Aufgrund der unüberschaubaren Vielzahl ausschlaggebender Faktoren ist die emotionale Bindung an die Persönlichkeit eines Menschen ein äußerst komplexer Vorgang: sozusagen das „Geheimnis der Liebe". Trotz aller Komplexität lassen sich jedoch auch in Bezug auf die Persönlichkeit zentnerweise gute Ratschläge für ein erfolgsmaximales Verhalten erteilen:

Zu Beginn möchte ich gleich mit einem Irrtum aufräumen, auf welchen manche ihr gesamtes Leben zu gründen scheinen. Dem Irrglauben, daß sie ihres Geldes, ihres beruflichen Erfolges oder ihres sozialen Status wegen geliebt werden könnten.

Frauen haben zwar durchaus eine Präferenz für Männer, die ihnen etwas zu bieten haben, dennoch rangieren Geld und Sozialprestige weit hinter Werten wie Aufrichtigkeit, Warmherzigkeit, Treue und der Bereitschaft, viel Zeit mit ihnen zu verbringen, auf ganz billigen Plätzen.

Aus diesem Grunde kann das ehrgeizige Bestreben, zu jenen Tag und Nacht arbeitenden Karrieretypen zu gehören, die dem Glauben verfallen sind, durch ihren wirtschaftlichen Erfolg eine wahnsinnig erotische Ausstrahlung auf Frauen zu haben, nur belächelt werden. Sicherlich kann man mit Geld Minderwertigkeitskomplexe kompensieren, teure Kleider, Autos und natürlich auch bestimmte Frauen kaufen, doch sollte man darüber eines nie vergessen: Wer einen Partner, der einen wirklich liebt, gewinnen und mit diesem eine glückliche Familie gründen will, braucht vor allem eines: Zeit. Wer auf der Jagd nach der großen Kohle diese Zeit nicht aufzubringen vermag, für den gilt in aller Regel: beruflich top, privat der Flop – sie sagten: „Er war ein guter Mitarbeiter" und stifteten ihm einen Kranz.

Wenn Sie nicht in der Lage sind, neben den Erwartungen Ihrer Vorgesetzten, Kunden und Mandanten auch die eigenen Erwartungen an das Leben zu erfüllen, verkaufen Sie sich trotz Ihrer Spitzeneinkünfte eindeutig unter Wert. Am letzten Tage Ihres Lebens werden allerdings auch Sie feststellen, daß Zeit nicht gleich Geld ist und Sie sich mit all Ihren Millionen keine einzige Sekunde kaufen können. Daher möchte ich mit allem Nachdruck eine Feststellung treffen: Zeit ist die wertvollste Ressource, die uns im Leben zur Verfügung steht. Daher sollten Sie diese mit Dingen verbringen, welche Ihnen Spaß bereiten!

Ferner sollten Sie niemals vergessen, daß Sie für Leistungen in Schule, Beruf oder Sport nicht geliebt, sondern allenfalls vorübergehend bewundert und schlimmstenfalls sogar beneidet werden. Jagen Sie also nicht Ihr gesamtes Leben einem Phantom hinterher, welches ausschließlich in Ihrem Kopf existiert: der fixen Idee, der Beste sein zu müssen, um Frauen zu imponieren. Den meisten Frauen ist es nämlich scheißegal, ob Sie der fähigste Chirurg oder der Wirtschaftsprüfer mit dem höchsten Stundensatz sind. Bei vielen machen Sie sich dadurch höchstens verdächtig, jener Sorte armer Tröpfe anzugehören, die ihren Mangel an Sozialkompetenz durch Fachkompetenz zu überspielen versuchen. Ehrlich gesagt: Ich würde mir von einer Beziehung zum bestbezahlten Topmodel dieser Welt ebenfalls null versprechen. Lassen wir sie dort, wo sie top sind und der Menschheit nutzen: auf den Laufstegen, in den Managementetagen, in den Forschungszentren, Kanzleien und Stuben. Lassen wir sie nach den Sternen greifen und stören ihr Werk nicht durch unsere Liebe, schon uns selbst zuliebe!

Nachdem wir vorab einige Irrtümer aus dem Wege gesprengt haben, können wir uns nun ganz zwanglos auf der Wahrnehmungsgeraden bewegen. Oft kommen wir erstmals mit einem Menschen in Berührung, obwohl dieser gar nicht anwesend ist. Wie bitte soll das denn funktionieren? Ganz einfach: Wir hören Geschichten, die andere über ihn erzählen.
Wenn Sie ein Mädchen unbedingt kennenlernen will, weil sie von anderen gehört hat, was für ein toller Typ Sie sein sollen, so nennt man dies erfolgreiche Öffentlichkeitsarbeit. Public Relations, die Pflege guter Beziehungen zu der Sie umgebenden Gesellschaft kann nur von Vorteil sein. Jeder Mensch hat grundsätzlich das Image, welches er sich selbst gibt. Sorgen Sie dafür, daß dieses ein gutes ist und pflegen Sie es! Imagepflege ist nämlich ein wesentlicher Bestandteil erfolgreicher Selbstvermarktung.
Fällt im Zusammenhang mit Ihrem Namen stets der Satz: „Das ist vielleicht ein blödes Arschloch!", so haben Sie zweifelsohne etwas falsch gemacht ...

Unabhängig davon, was andere über uns zu berichten wissen, den ersten persönlichen Eindruck hinterlassen wir letzten Endes immer selbst. Unsere Körperhaltung (steif, unsicher oder locker und natürlich), unser Gang (schleppend, antriebsarm oder energiegeladen und dynamisch), unsere Stimme (polternd, krächzend oder wohlklingend, fest und einfühlsam zugleich), unsere Gestik (theatralisch, eckig oder natürlich und ungekünstelt), unser Blick (arrogant, stechend, schüchtern abschweifend oder freundlich und warm), unser Gesichtsausdruck (aufgesetzt, verschlossen, affektiert oder offen und gewinnend), dies alles hinterläßt beim Betrachter unzählige Eindrücke, die uns in seinen Augen sympathisch oder unsympathisch erscheinen lassen.

Einen tiefen Einblick in unser Wesen gewähren wir anderen Menschen in dem Moment, wo wir den Mund öffnen, um längere Sätze als: „Hallo, schön dich kennenzulernen!" zu formulieren.
Besonders zu Beginn einer Beziehung kommt den kommunikativen Fähigkeiten eine wichtige Rolle zu. Der Verlauf des ersten Gesprächs gibt Aufschluß darüber, ob wir uns mit unserem Gesprächspartner verstehen oder nicht. All diejenigen, welche Probleme haben sich mit einem unbekannten Menschen nett und ungezwungen zu unterhalten, möchte ich auf das Kapitel Gesprächstaktiken im vierten Teil dieses Buches vertrösten. Hier werden Sie geholfen!
Die Fähigkeit, sich zu artikulieren, sowie die Argumentationsweise lassen berechtigte Schlüsse auf den geistigen Horizont des Sprechers zu. Leider gibt es Menschen, die sich blamieren, sobald sie nur den Mund auftun. In diesen Fällen bewahrheitet sich der Spruch: „Si tacuisses, philosophus mansisses – Hättest du nur geschwiegen, dann hätte man dich auch weiterhin für einen klugen Menschen gehalten."
Nicht nur im Funkverkehr gilt: denken, Sprechtaste drücken und dann erst sprechen. Je größer der Schwachsinn, den Sie unbedacht von sich geben, desto größer ist mit Sicherheit auch der Umkreis, in welchem sich dieser verbreitet. Keine gute Werbung für Sie!
Weiten Sie daher Ihren Horizont, sagen Sie nicht alles, was Sie denken, und sprechen oder urteilen Sie nicht über Dinge von denen Sie keine Ahnung haben. Es ist dem Untergebenen nämlich untersagt, den Maßstab seiner beschränkten Einsicht an die Handlungen der Obrigkeit anzulegen! Machen Sie sich also nicht ständig zum Gespött Ihrer Mitmenschen, indem Sie für alle Probleme dieser Welt eine ganz einfache Lösung parat haben. Wenn Sie nur fünf Sekunden nachdenken, wird Ihnen möglicherweise dämmern, daß auch die ihre Nachteile hat ...

Ebenso wichtig wie mitreden zu können ist die Tatsache, daß Sie eine interessante Persönlichkeit sind, die etwas mitzuteilen hat. Dabei ist allerdings weniger an spezialisiertes Fachidiotentum, sondern vielmehr an einen reichen Schatz unterschiedlichster Erfahrungen gedacht. Frauen schätzen Männer mit Lebenserfahrung, Männer, welche auch mal Extremsituationen erlebt haben und an die Grenzen ihrer psychischen und physischen Belastbarkeit gegangen sind. Dies verleiht Ihnen zudem das Bewußtsein, mit den kleinen Problemen des Alltags spielend zurechtzukommen. Da haben wir doch schon ganz andere Situationen gemanagt!

Seien Sie also jemand, der sich selbst fordert, der etwas unternimmt, geistig rege und beweglich ist. Ein alter Langweiler, der jeden Tag träge vor dem Fernseher herumhängt, ist der Alptraum einer jeden Frau. Zeichnen Sie sich nicht durch Antriebsarmut und dadurch aus, daß Sie gute Ideen und Aktivitäten anderer bremsen. Gehören Sie nicht zu denen, die sich nicht vergnügen und für nichts begeistern können!

Wenn aus Ihrem Munde des öfteren Sätze wie: „Es ist schon spät heute, ich glaub', ich pack's jetzt, also dann tschüß ..." oder: „Ich glaube, das lassen wir lieber ..." kommen, machen Sie sich verdächtig, jenem miesepetrigen Patronat, welches schon durch den entsprechenden Gesichtsausdruck ungeheuer anziehend auf Frauen wirkt, anzugehören. Sollten Sie sich nur dosiert vergnügen können, für das Ausflippen hübscher Mädchen auf der Tanzfläche kein Verständnis haben und das ausgelassene Mitsingen von Schlagern als unpassend empfinden, gehören Sie zu jenen traurigen Hanswursten, die besser zu Hause bleiben sollten, um anderen nicht die Laune zu verderben. Es kann außer Ihnen keiner etwas dafür, wenn Sie nichts zu lachen, geschweige denn zu feiern haben!

Lassen Sie nicht tagtäglich denselben Film ablaufen, dafür ist das Leben viel zu kurz. Brechen Sie einmal aus Ihrem Alltagstrott und Ihren Bequemlichkeitsreservaten aus und machen Sie etwas Verrücktes. Reißen Sie andere aus ihrer Lethargie heraus. Unternehmungslustige Leute, die voll von Energie sind, andere mitreißen und für action sorgen, sind überall gerne gesehen. Vielseitigkeit ist gefragt. Wer ständig mit der Einstellung: „Das ist bestimmt nichts für mich!" an Unbekanntes herangeht, der schränkt sich nicht nur in seinen Tätigkeiten, sondern auch in seinen Bekanntschaften ein. Wer aktiv lebt, der erlebt auch etwas und ist weitaus interessanter als jemand, der in seiner Freizeit nur herumlungert und sein Leben verpennt oder verplempert!

Strahlen Sie – wie beschissen die Lage auch sein mag – Zuversicht und positive Energie aus. Verbreiten Sie gute Laune und reißen Sie andere dadurch mit. Lebenslust, nicht Lebensfrust sind gefragt. Gehören Sie nicht zu denen die ständig jammern und alles negativ sehen. Für den Fall, daß Sie Ehrenmitglied im Verband tiefsinniger Bedenkenträger sind, nerven Sie bitte nicht unentwegt Ihre Umgebung mit Ihren Ansichten. Auch das ist Umweltverschmutzung!

Ich erinnere mich noch daran, wie jemand einer guten Freundin seine Theorie, daß sich der Kosovo-Konflikt bestimmt zu einem Atomkrieg ausweiten würde, reindrücken wollte. Ihre Antwort: „Ein nuklearer Winter käme mir im Moment äußerst ungelegen. Ich hasse Schneeschippen! Außerdem muß ich mir erst noch 'ne schicke Winterjacke kaufen ..."

Sollte für morgen wieder einmal ein Weltuntergang geplant sein, so ist dies erst recht ein Grund, heute kräftig Party zu machen. Ich hoffe nur, Weltuntergänge werden im kommenden Jahrtausend nicht zur Dauereinrichtung, denn schließlich muß man ja irgendwann auch mal seinen Rausch ausschlafen!

Insbesondere sollten Sie sich selbst nicht zu wichtig nehmen. Sie sind auf dieser Welt letzten Endes auch nur ein kleiner Fliegenschiß von einem wandelnden Molekularhaufen, der sich spätestens binnen neun Jahrzehnten in einen nicht einmal besonders hochwertigen Dünger zersetzt haben wird. Betrachten Sie sich daher nicht als den Nabel der Welt, um den alles zu kreisen hat. Gehören Sie nicht zu denjenigen, die ständig durch Aufmerksamkeit auf sich ziehendes Gehabe und Wichtigtun zeigen müssen, wer sie sind bzw. für wen sie sich halten. Machen Sie nicht ständig die Leistungen anderer herunter, um sich selbst hervorzuheben. Akzeptieren Sie, daß es auf dieser Welt zahllose Menschen gibt, die auf etlichen Gebieten besser sind als Sie.

Gewöhnen Sie sich daher an, die Leistung anderer neidlos anzuerkennen. Ehrliche Worte der Anerkennung machen Sie weitaus sympathischer und lassen Sie in einem edleren Lichte erglänzen, als wenn Sie hintenherum durch Neid und Mißgunst alles zu sabotieren versuchen, wie eine stinkende kleine Ratte.

Seien Sie jemand, der auch einmal einen Fehler eingestehen und dafür die Verantwortung übernehmen kann. Es macht Sie nicht nur sympathisch sondern zeugt auch von menschlicher Größe, wenn man aus Ihrem Mund mitunter Sätze wie: „Tut mir leid, das war mein Fehler!" vernimmt und nicht ständig die anderen an allem schuld sind.
Fehler zu haben und Fehler zu machen, ist etwas ganz Natürliches. Sie sind ein integraler Bestandteil unseres Lebens. Wo man schmiedet, fallen eben auch Schlacken. Neudeutsch ausgedrückt: Shit happens.
Wichtig ist, daß Sie aus Fehlern und Niederlagen lernen. Denn: Jede Niederlage, und sei sie noch so verheerend, ist letzten Endes immer auch ein Sieg, da sie eine Lehre birgt, welche uns den Weg in die Zukunft weist! Für Sieger gibt es keine Niederlagen, sondern lediglich Resultate. Auch diesen Menschen fällt der Erfolg nicht in den Schoß! Sie stimmen ihr Handeln jedoch solange ab, bis es die gewünschten Resultate liefert.

Der richtige Umgang mit Fehlern und Schwächen ist nicht nur für unseren Erfolg sondern auch für unser Lebensglück von entscheidender Bedeutung. Jeder Mensch hat etwas an sich auszusetzen, damit stehen Sie keineswegs allein auf weiter Flur. Das ist auch gut so, denn sonst hätten wir ja keinerlei Anreiz, Veränderungen zum Positiven vorzunehmen.
Allerdings sollte diese Selbstkritik niemals soweit gehen, daß wir einen Haß gegen uns selbst entwickeln. Nicht wenige Menschen neigen dazu, alles schwarzweiß zu sehen. Sie ordnen ihre Mitmenschen, wie auch sich selbst, entweder der Kategorie Gewinner oder Versager zu. Anstelle die eigene Komplexität zu akzeptieren, aus Stärken Selbstvertrauen zu schöpfen und an Schwächen zu arbeiten, wün-

schen sich viele dieser Menschen, jemand anders oder wie jemand anders zu sein. Nicht selten schlüpfen solche Menschen in Rollen und versuchen die eigene Persönlichkeit dahinter zu verbergen. Ein Versuch, der meist gründlich mißlingt, da wir alle ein sehr feines Gespür dafür haben, ob uns etwas vorgespielt wird oder nicht. Aus diesem Grunde sollten Sie Ihren eigenen Stil entwickeln und zu einer konsistenten Persönlichkeit, die mit sich im Einklang ist, werden.

Stehen Sie sich zwar selbstkritisch, aber auch nachsichtig und wohlwollend gegenüber! Die Art, wie wir uns selbst gegenüberstehen, prägt auch die Qualität unserer Beziehungen zu anderen. Wer sich selbst nicht zu akzeptieren in der Lage ist, dem fällt es auch schwer, andere zu akzeptieren. Wer sich selbst nicht liebt, kann auch anderen keine Liebe schenken. Der einzige Mensch, der Sie mit Sicherheit Ihr ganzes Leben lang begleiten wird, sind Sie selbst. Daher sollten Sie zu schätzen lernen, was Sie an sich haben! Nur wer sich selbst achtet, kann auch der Eigenart anderer Achtung entgegenbringen. Wer sich selbst mag, hält sich auch in den Augen anderer für liebenswert, was eine entscheidende Voraussetzung dafür ist, um erfolgreich auf Menschen zuzugehen.

Dies ist der Nährboden, auf welchem ein gesundes Selbstbewußtsein wachsen kann, aus dem sich eine Ausstrahlung entwickelt, die Frauen, ja, Menschen allgemein magisch anzieht und in ihren Bann schlägt. Ein Mensch, der sein Leben im Griff hat, den eine Aura der Zufriedenheit und Ausgeglichenheit umgibt, wirkt auf andere weitaus attraktiver als jemand, der dadurch zu gefallen versucht, daß er sich zum Bückling für die vermeintlich an ihn gestellten Erwartungen macht.

Sich zu akzeptieren heißt allerdings nicht, veränderbare Schwächen und Charaktermängel zu tolerieren. Die hier angesprochene Zufriedenheit ist von jener Selbstzufriedenheit, welcher der Glaube entsprießt, sich auf seinen Lorbeeren ausruhen zu können, weit entfernt. Für diese gilt nach wie vor der Richtspruch: Zufriedenheit ist eine Zier, doch weiter kommt man ohne ihr!

Zu Ende dieses Kapitels möchte ich Ihnen noch einige Beispiele klassischen Fehlverhaltens – das unzählige Männer Frauen gegenüber an den Tag zu legen für richtig halten – vor Augen führen. Dies ist besonders aufgrund der Tatsache, daß nicht wenige der Meinung sind, gerade durch dieses Verhalten besonders zu imponieren, eine unverzichtbar wichtige Hilfestellung.

Lassen wir den Kraftprotz den Reigen jener geistig Unterbelichteten, die auf einer präpubertären Entwicklungsstufe verblieben sind, eröffnen. Er ist ständig bestrebt, in tollen Posen den starken Mann zu mimen. Jede Gelegenheit, die Muskeln spielen zu lassen, wird bis zum Anschlag ausgekostet. Sind gerade keine Walnüsse mit der Faust zu knacken oder festsitzende Schraubverschlüsse aufzudrehen, so verrät er sich durch die Frage: „Wie schwer bist du denn? Jetzt versuch' ich mal dich zu stemmen."
Selbstverständlich finden Frauen einen durchtrainierten Mann äußerst anziehend. Trotzdem sollten Sie keineswegs zu denen gehören, die mit ihrer Kraft hausieren gehen. Damit setzen Sie sich nämlich sofort dem Verdacht aus, irgendwelche Minderwertigkeitskomplexe kompensieren zu müssen. Meist sind diese in Form eines fehlenden Schulabschlusses oder fünf Kilo Übergewicht schnell ausgemacht ...
Umfragen gemäß wirken insbesondere sensible Männer äußerst sexy auf Frauen. Kräftige Jungs, die zärtlich mit Kindern spielen, sind angeblich der Gipfel erotischer Anziehungskraft. Ein Blick in manches Mädchenzimmer scheint diese Umfrage zu bestätigen. Nicht Sylvester Stallone ist es, der uns dort, das Maschinengewehr im Hüftanschlag, entgegenlächelt, sondern solch ein ekelhaftes Sensibelchen mit einem Säugling in Vorhalte! Aus diesem Grunde sollten Sie den guten Spruch: „Ich hasse Kinder! Schreien den ganzen Tag, fressen einem die Haare vom Kopf und scheißen die ganze Bude voll!" wohl besser aus Ihrem persönlichen Hörfunkangebot streichen.

Das oben angesprochene Fehlverhalten erfährt in Form von Sachbeschädigern und Gewalttätern noch eine Steigerung zum Negativen. Es gibt auf dieser Welt Idioten, die der Meinung sind, sich vor schönen Frauen dadurch profilieren zu können, daß sie ihren Rivalen tüchtig eine aufs Maul hauen.

Falls Sie jener Heldenklasse, deren Blut ständig an Kochen ist angehören und ähnliche Ambitionen haben, kann ich nur warnen. Bei Körperverletzung verstehen Richter und Staatsanwälte keinen Spaß! Sie werden sich wundern, wie schnell Ihr kleines Leben in solch einem Fall unwiderruflich verschissen sein kann. Sollten Sie zu den Hitzköpfen gehören, die ständig mit fertiggeladener Faust durch die Gegend laufen, so mahnen Sie sich besser zur Ruhe. Ansonsten werden Sie dies eines Tages bitter bereuen, da gebe ich Ihnen Brief und Siegel! Das Gewaltmonopol liegt nun einmal auch in den Fällen, wo Sie sich eindeutig im Recht fühlen, ausschließlich beim Staat. Um so stinkiger reagiert dieser, wenn Sie es wagen sollten, ihm dieses Recht streitig zu machen. Wo kämen wir auch hin, wenn jeder versuchen würde, sein Recht beziehungsweise das, was er dafür hält, mit der Faust durchzusetzen?

Es sollte daher stets in Ihrem Interesse liegen, ein friedliebendes Bürschchen zu sein, das klug daran tut, andere nicht unnötig zu provozieren. Sie wissen nämlich nie genau, ob Ihr Gegenüber nicht doch jemand ist, den man besser nicht in eine Notwehrsituation bringen sollte. Es soll ja auf dieser Welt Menschen geben, die schon von Dienst wegen auf dem Gebiet des sich Wehrens fit sein müssen. Sollten Sie sich dennoch wie ein unbezwingbarer Held vorkommen, da Sie fünf schwarze Gürtel im Kickboxen besitzen, sind die folgenden Passagen aus einem sehr guten Nahkampf-Lehrbuch mit Sicherheit von einigem Interesse für Sie:

„Ob Karate, Judo, Tae Kwon-Do, Aiki-Do, Ju-Jutsu oder Kung-Fu, bei allen handelt es sich zwar um (degenerierte) Kampfkünste, die auf alte Traditionen (Kriegskünste) zurückblicken, sie sind aber durch Versportlichung (z.T. Anerkennung als olympische Disziplin) wettkampffähig, das heißt innerhalb bestimmter Regeln fair geworden. Genau diese Fairneß ist aber für einen Überlebenskampf unter härtesten Bedingungen im Krieg oder gegen Angreifer mit niedrigsten Instinkten und unter Einsatz terroristischer Mittel absolut un-

tauglich. Benötigt wird hingegen ein Nahkampf-System [...] welches völlig wettkampfuntauglich ist."
„Aus diesem Grund sind auch alle Techniken [...] so konzipiert worden, daß man seinen Gegner in zehn Sekunden (!) kampfunfähig gemacht hat. Das bedeutet:
- *zwei Sekunden: Feind erkennen*
- *sechs Sekunden: Zweikampf und Sieg*
- *zwei Sekunden: Orientieren und Luftholen."*

(Herbert Grudzenski, MU SA DO)

Um körperlichen Schmerzen und gerichtlichem Ärger zu entgehen, sollten Sie Konfliktsituationen unbedingt meiden. Dies zeugt eher von Intelligenz denn von Feigheit. Anstatt Streitigkeiten eskalieren zu lassen, sollten Sie viel lieber schlichten und auch mal zurückstekken. Frauen imponiert dies mit Sicherheit weitaus mehr, als wenn Sie auf jede Provokation anspringen. Sie wollen keinen aggressiven Grobian.

Für all diejenigen, die das nicht begreifen und mit ihrem Walnußgehirn in einer Terminator- und Rambowelt leben, verhänge ich an dieser Stelle wohl besser ein uneingeschränktes Fernsehverbot!

Sollten Sie, was ich nicht annehme, einen IQ von einem Quadratmeter Feldweg besitzen oder blöder sein als ein Stein, der wenigstens weiß, wo er liegt, will ich mich eigens für Sie noch einmal besonders verständlich ausdrücken: Gewalt nix gut!

Eine andere Möglichkeit, sich bei Frauen ins sichere Aus zu katapultieren, bildet die Arroganz. Für den Fall, daß Sie der Meinung sind, als Schönling kein nettes und verbindliches Wesen an den Tag legen zu müssen, haben Sie sich einen ganz rostigen Nagel eingetreten. Sollte sich die Anzahl derer, die Sie kreuzweise am Arsch lecken können, stündlich erhöhen, stehen Sie schon in absehbarer Zeit als komischer Sonderling ohne Freunde da. Dies ist mit Sicherheit kein Zustand, der Frauen in Begeisterung versetzt. Frauen wollen einen Mann mit sozialer Kompetenz, einen Mann, der einen Freundeskreis besitzt, in welchem er geschätzt und anerkannt wird.

Im Umgang mit Menschen bewahrheitet sich der Spruch: Wie man in den Wald hineinruft, so hallt es auch zurück. Wer sich anderen gegenüber als offen, freundlich, warmherzig, verläßlich und hilfsbereit erweist, dem fällt es mit Sicherheit nicht schwer, Freundinnen und Freunde zu gewinnen.

Die Art und Weise, wie sich unser potentieller Partner anderen gegenüber verhält, läßt durchaus berechtigte Schlüsse auf das Verhalten, welches er uns gegenüber an den Tag legen wird, zu. Dieser Weisheit sollten Sie sowohl bei der Partnerwahl als auch bei Ihrer eigenen Werbung Beachtung schenken!

Nichts gegen Coolness. Aber manche Typen sind so obercool, daß es einen schon friert, wenn man ihnen begegnet. All diejenigen, die so superlässig sind, daß sie überhaupt nichts anfuckt, sollten bedenken, daß sie mit ihrer coolen, unnahbaren Fassade den Blick auf ihre wahre Persönlichkeit weitgehend verdecken. Möglicherweise avancieren Sie dadurch zum Babystar, zum Schwarm aller unreifen Mädchen. Eine Frau erwartet allerdings von einem reifen Mann, daß er ihr gegenüber seine Gefühle, Ängste und Schwächen zu offenbaren in der Lage ist. Um eine ernsthafte Beziehung aufzubauen, müssen Sie sich selbst ins Rennen schicken, und nicht das, was Sie sich möglicherweise von Tom Cruise abgeschaut haben. Durch Coolness halten Sie die Menschen auf Distanz. Dadurch werden Sie möglicherweise IN sein, ernsthafte Gefühle wird jedoch kaum jemand an Sie verschwenden. Seien Sie also nicht zu cool, wenn Sie nicht auf die Fresse fallen wollen. Ansonsten ergeht es Ihnen wie Fridolin Frost, der, als das Wasser eines warmen Sommerregens blitzartig unter ihm gefror, mit seinem Ferrari tangential die Kurve verlassen hat ...

Eine mit übersteigerter Coolness eng verbundene Unart ist das Machotum. Sollte Ihnen keine Gelegenheit entgehen, ausführlich darüber zu berichten, daß Sie an jedem Finger fünf Frauen haben, zweigleisig fahren oder mit dieser und jener im Bett waren, sind Sie zweifelsohne ein armer Depp, der es nötig hat und nichts weiter. Außerdem attestieren Sie sich damit, von der Materie nicht die geringste Ahnung zu haben.

Die Masse der Frauen will mit Sicherheit nicht aufgerissen, flachgelegt und wieder abgelegt werden. Es gibt nichts was dümmer und kontraproduktiver wäre, als ständig durch die Gegend zu proleten, diese Masche erfolgreich zu zelebrieren. Ein derartiges Verhalten können sich ausschließlich jene leisten, die keinerlei Chancen, also auch nichts zu verlieren haben, Verbalerotiker eben.
Zurückhaltung ist insbesondere dort angesagt, wo abwertend über Frauen gesprochen wird. Mit Machoquatscho fallen Sie in der Regel genauso auf die Schnauze wie bei dem Versuch, auf die Machotour zu landen.
Sich selbst auf diesem Gebiet etwas Zurückhaltung aufzuerlegen, ist oftmals gar nicht so schwer. Was aber, wenn Sie brühwarm gefragt werden: „Und? Hast se schon gefickt – deine neue Freundin?" Ein einfaches „ja" wird den Fragenden aller Wahrscheinlichkeit nach erst recht reizen, ins Detail zu gehen, ein „nein" gereicht Ihnen ebenso wie ein verlegenes Ausweichen oder Herumgedruckse sicherlich nicht zur Ehre und läßt Sie auch vor Frauen als unzeitgemäß verklemmtes Bürschchen dastehen. Sollten Sie sich über diese Frechheit zu echauffieren beginnen, werden Sie mit Sicherheit sofort als jemand, der überhaupt keinen Spaß versteht, hingestellt. Auf: „Was geht dich das an?" kommt höchstwahrscheinlich ein provozierendes: „Ich hab's gewußt: Nothing to report – tote Hose also." Kontern Sie hingegen mit: „Wir ficken nicht, sondern kuscheln und wuscheln und haben uns ganz fest lieb! Darunter kannst du dir jetzt vorstellen, was du willst!", ist die Sache erstens beendet, zweitens haben Sie den frechen Frager belehrt, ohne ihn zu verletzen und drittens können Sie förmlich hören, wie Sie mit solch einer Antwort in der Achtung anwesender Frauen klettern. Einfach süß! Der Kandidat hat hundert Punkte und gewinnt so viele Hubschrauber, wie er tragen kann.
Ebenso hundsgemeine Absichten verbergen sich hinter der „anerkennenden" Bemerkung: „Donnerwetter, du wechselst deine Frauen ja wie die Unterhosen." Nicht nur in Gegenwart künftiger Angriffsziele empfiehlt es sich, dem Vorwurf, der Spezies frauenverschleißendes Ungeheuer anzugehören, mit aller Entschlossenheit entgegenzutreten. Die Verbreitung der garstigen Unterstellung, lediglich „Abschüsse"

zu tätigen, kann nämlich das erfolgreiche Fortschreiten sämtlicher Operationen nicht unwesentlich beeinträchtigen.

Lassen sich Ihre „Kriegsverbrechen" angesichts einer erdrückenden Last von Beweisen schon nicht leugnen, so sollten Sie zumindest eine Sprachregelung treffen, um diese Vorgänge wenigstens propagandistisch in einem günstigen Licht erscheinen zu lassen: „Ich suche doch nur nach der Richtigen, einem kleinen Spatzenkind, mit dem ich glücklich werden kann, und mein Gefühl sagt mir, daß es die Soundso leider nicht war." Diese kleine Richtigstellung hat eine immense Wirkung. Ein Gefühlsmensch auf der Suche nach der wahren Liebe! Eine derartige Erklärung ermöglicht es einer jeden Frau problemlos nachzuvollziehen, daß die Konkurrenz selbstverständlich nicht das Richtige war. Ergänzend zu verkünden: „Ich kann mit keiner Frau schlafen, die ich nicht wirklich ganz fest lieb habe", zeugt ebenfalls von einer hohen Schule auf dem Gebiet der psychologischen Kampfunterstützung.

Welch Worte des Unmuts dringen an mein Ohr? „Da kotzt mich's doch an! Meinen Bizeps soll ich nicht spielen lassen?! Meinen Rivalen die Fresse zu polieren ist verboten?! Meine Coolness ist nicht gefragt?! Meiner Taten soll ich mich nicht brüsten?! Sobald ein geiles Miststück meinen Weg kreuzt, soll ich nicht einfach fragen: Will man eigentlich gefickt werden, wenn man aussieht wie du? Scheiß Leben! Das nächste Mal werde ich wohl besser ein Hirsch, kreuze mein Geweih, daß es krache, erkämpfe mir ein Brunfttrudel, haue zusammen, was leichtsinnigerweise im Bereich meiner Bordwaffen herumspringt, und schere mich einen Dreck um die Aufzucht meiner Bambis! Das ist wahre Männlichkeit! Hier stockschwule Mätzchen aufzuführen, Gefühle zeigen usw., auf so eine Scheiße habe ich keinen Bock. Das kann überhaupt nicht mein Auftrag sein!"

In der Tat sind die biologischen Zielfunktionen von Mann und Frau gänzlich verschieden. Die Ursache dafür liegt in deren unterschiedlichem Reproduktionspotential begründet. Während dem Mann Millionen von Spermien zur Verfügung stehen, die er im Interesse des Arterhalts zu verteilen hat, kann die Frau nur einmal im Monat schwanger werden, trägt anschließend neun Monate lang das Kind im Leib und muß auch in den Folgejahren noch viel Zeit und Energie in die Aufzucht stecken. Aus diesem Grunde suchen Frauen im Gegensatz zum Mann nicht in erster Linie einen Partner für den Geschlechtsakt, sondern einen Partner, dessen Unterstützung sie sich auch in der Folgezeit sicher sein können. Ein Partner, der einfühlsam ist, ernsthaftes Interesse bekundet, sich durch Reife, Zuverlässigkeit, Aufrichtigkeit, Treue, Warmherzigkeit auszeichnet und nicht bloß schnell ins Bett will, scheint ihnen Garant dafür zu sein, nicht eines Tages mit der Brut alleine dazustehen. Obwohl Nachwuchs zu haben heutzutage keineswegs das Ziel einer jeden Beziehung darstellt, ist diese biologische Komponente tief in der Frau verwurzelt und für ihr Auswahlverhalten verantwortlich. Aus demselben Grunde bevorzugen Frauen in aller Regel auch Männer, die etwas älter sind, da diese als reifer, charakterlich gefestigter und vor allem als bindungswilliger erachtet werden.

So, meine Herren, sieht die Feindlage aus. Erfolg wird auf Dauer nur demjenigen beschieden sein, der sein Angriffsverhalten darauf abzustimmen weiß!

3. Betrachtungen zur Angriffsstrategie: die Garanten des Sieges

Die größten Erfolge werden Sie in Ihrem Leben grundsätzlich dann zu verbuchen haben, wenn Sie dieses zielorientiert gestalten. Dazu sind im wesentlichen zwei Schritte erforderlich: Sie müssen zunächst Ihre Ziele festlegen und diese anschließend getreu dem Grundsatz „Das Wichtigste zuerst!" beharrlich verfolgen.
Nur dadurch ist zu gewährleisten, daß neben all den Forderungen und Wünschen, welche an Sie gerichtet werden, Ihren gesellschaftlichen Verpflichtungen und beruflichen Aufgaben, niemals das aus dem Auge verloren wird, was in Ihrem Leben das eigentlich Wichtige darstellt. Keine eigenen Ziele zu verfolgen heißt nichts anderes als sein gesamtes Leben von Zwängen, hinter welchen sich die Ziele anderer verbergen, dominieren zu lassen. Politik, Gesellschaft, ja ganze Industriezweige haben es sich zur Aufgabe gemacht, Ihnen Ihre Lebensziele zu diktieren. Unter diesem Einfluß ist es zugegebenermaßen oft gar nicht leicht, zu wissen, was man selbst eigentlich will ...

In Bezug auf die Thematik dieses Buches läßt sich das zu erreichende strategische Ziel wie folgt definieren: Eroberung einer Frau, die sämtlichen der von Ihnen gestellten körperlichen, charakterlichen und geistigen Anforderungen in hohem Maße gerecht wird. Wir sind also auf der Suche nach Rita Richtig und nicht nach Konstanze Kompromiß. Angesichts von drei Milliarden Frauen auf dieser Erde eine durchaus zu lösende Aufgabe.
Das Ziel heißt demzufolge keineswegs Michaela Meisegeier oder weiß der Geier wie. Michaela Meisegeier stellt bestenfalls eine aussichtsreiche Kandidatin zur Besetzung der Variablen Rita Richtig, nicht jedoch das Ziel sämtlicher Operationen dar.
Erweist sich Michaela Meisegeier als unfähig, Ihnen die Liebe, welche Sie erwarten, entgegenzubringen, sollten Sie auf keinen Fall Ihre Zeit damit verschwenden, ihr nachzulaufen. Statt dessen ist das Augenmerk auf andere Frontabschnitte zu richten.

Lassen Sie niemals außer acht, daß jede Stelle auf der gesamten Frontbreite geeignet sein kann, eine Entscheidung herbeizuführen. Daher sollten Sie auch auf gesamter Frontbreite aufklären, um herauszufinden, wo siegversprechende Schlachtabschnitte liegen. Werden Sie also nicht blind vor lauter unglücklich Verliebtsein. Falls Sie im Zuge Ihres rastlosen Vorwärtsstrebens durch die Weite des weiblichen Raumes auf nicht zu überwindende Riegelstellungen stoßen, ist der Angriff eben rechts- oder linksumfassend fortzusetzen. Beweglichkeit, insbesondere die geistige Beweglichkeit der Führung, ist in derartigen Fällen stets ein Garant des Sieges.
Ich wiederhole: Bei drei Milliarden Frauen, Tendenz steigend, kann es nicht Auftrag sein, sich mit einer einzigen lange herumzuärgern. Glauben Sie mir, es gibt Frauen, mit denen man glücklich werden kann. Auch für Sie!
Viele Menschen sind der Auffassung, ein liebenswerter Partner sei ein Geschenk des Himmels. Im Warten auf das Zuteilwerden jener göttlichen Gnade lassen sie jedoch völlig außer acht, daß diesem Glück durch zielgerichtetes Handeln erheblich auf die Sprünge geholfen werden kann ...

In Bezug auf die Partnerwahl läßt sich folgende Feststellung treffen: Obwohl keineswegs jeder Angriff zum Siege führt, lassen sich die Faktoren, welche für den Gesamterfolg entscheidend sind, durchaus beeinflussen. Aufgrund dieser Tatsache ist die Erreichung des oben definierten Zieles im Falle eines adäquaten Verhaltens über kurz oder lang sichergestellt.
Von welchen Faktoren, so die alles entscheidende Frage, hängt nun der Gesamterfolg im einzelnen ab? Die Antwort darauf lautet: sowohl von der Qualität wie auch der Quantität Ihrer Angriffe.

Die Angriffsqualität wird im wesentlichen von Ihrer Kampfkraft, das heißt von Aussehen und persönlicher Ausstrahlung sowie der gewählten Angriffstaktik bestimmt. Komponenten also, die im zweiten und vierten Teil dieses Buches in aller Ausführlichkeit behandelt werden. Durch konsequentes Umsetzen der an diesen Stellen gegebenen Anweisungen, häufiges Üben sowie daraus resultierender Routine lassen sich Angriffsqualität und folglich auch Ausbeutegrad deutlich steigern.

Ich verrate Ihnen mit Sicherheit kein allzu großes Geheimnis, wenn ich behaupte, daß die Wahrscheinlichkeit, ein süßes Spatzenkind zu finden vor allem mit der Angriffshäufigkeit wächst.
Um überhaupt einen Angriff starten zu können, ist es erforderlich, daß man in jenem dreidimensionalen Raum, welchen unsere schöne Erde bildet, potentiellen Zielen begegnet, je mehrere dies sind, desto besser. Frauen bekommt man, indem man sie trifft und kennenlernt, so einfach ist das.
Frauen können Sie grundsätzlich überall kennenlernen. Halten Sie daher die Augen offen und ziehen Sie nicht mit Scheuklappen durchs Leben. So wie das Aufklären zum ständigen Auftrag aller Truppen gehört, sollte auch das „Schnecken checken" zu einer lebensbegleitenden Aufgabe erhoben werden.
„Ständig nach hübschen Mädchen Ausschau zu halten und zudem noch deren Flirtbereitschaft abzuchecken", wird manch einer jetzt vielleicht sagen, „ist mir viel zu stressig!"
Mitnichten! Den Blick ungehemmt schweifen zu lassen, anstatt stur vor sich hinzustarren, ab und zu ein ungezwungenes Lächeln zu verschenken, anstatt komplexbeladen jeglichem Kontakt auszuweichen, wird Sie mit Sicherheit eher in einen gelösten als einen gestreßten Zustand versetzen. Hat Ihnen Ihr Fahrlehrer nicht gesagt, daß Sie genau dann am entspanntesten unterwegs sind und selbst auf längeren Fahrten kaum ermüden, wenn Sie sich nicht ausschließlich auf die Fahrbahn konzentrieren, sondern der gesamten Umgebung Beachtung schenken?
Daher sollten Sie es zu einer guten Angewohnheit werden lassen, Ihr Umfeld unablässig zu scannen. „Scan as much you can!" lautet die Devise. Möglicherweise werden Sie sich anfangs dazu zwingen müssen, mit der Zeit wird sich dies jedoch selbst beim stursten Geradeausblicker automatisieren.
Neben neugierigen Augen haben sich auch offene Ohren auf das Höchste bewährt. Vielleicht beginnt eine Frau sich nur deshalb laut-

stark mit ihrer Freundin im Bus zu beraten, wo sie heute Abend hingehen könnten, da sie genau weiß wer hinter ihr sitzt und gefälligst zuzuhören hat. Auch Frauen haben mitunter eine ausgefeilte Taktik ...
Eine weitere Maßnahme zur Steigerung der Angriffshäufigkeit besteht darin, gezielt diejenigen Orte aufzusuchen, an welchen mit einem massierten Auftreten potentieller Ziele gerechnet werden kann. „Fortgehen" nennt man dies, so ich da richtig informiert bin. Welche Örtlichkeiten nun im einzelnen die für Ihre Bedürfnisse geeigneten Partnerschaftsmärkte darstellen, müssen Sie selbst herausfinden. Weiten Sie Ihren Aktionsradius aus, indem Sie auch mal neue Jagdreviere erkunden.
Allen „Fortgehmuffeln" sei gesagt: Ein Jäger, der einen Bock schießen will, muß schon mal ein paar Nächte in Folge auf dem Hochsitz verbringen! Analog dazu sind nächtliche Aktivitäten auch zwingende Voraussetzung für Ihre Häschenjagd! Wahrscheinlich werden Sie wissen, was den Unterschied zwischen einem Jäger und einem Schürzenjäger ausmacht: Der Jäger hat den Hasen im Rucksack, die Büchse über der Schulter und den Hund an der Leine. Der Schürzenjäger hat den Hasen im Bett, die Hand an der Büchse, und der Hund steht nicht! Na ja, dieser uralte Witz stammt anscheinend noch aus einer Zeit vor Viagra. Darum ist es mal wieder an der Zeit, die Rolle der Bartwickelmaschine im Keller zu wechseln!
Generell gilt: Was nicht auf dem Markt ist, kann auch keinen Absatz finden. Zeigen Sie also Präsenz. Wenn Sie sich nicht beteiligen, finden die Liebe und das Leben eben ohne Ihre geschätzte Mitarbeit statt. Wer sich nie in der Öffentlichkeit sehen läßt und Briefmarken sammelnd zu Hause sitzt, den wird mit Sicherheit auch kein Schwein vermissen.
Eines sollten Sie nie vergessen: Die Frauen warten nicht auf Sie, sondern höchstens auf jemanden wie Sie. Und dieser Jemand hat den Auftrag, gefälligst zur richtigen Zeit am richtigen Ort zu sein.

Zusammenfassend läßt sich festhalten: Wer suchet, der findet! Wer häufig und mit der richtigen Taktik suchet, der findet nicht nur schneller, sondern auch mehr. Wenn Sie Beharrlichkeit, Geduld, Ausdauer und Fleiß an den Tag legen, ist es lediglich eine Frage der

Zeit, bis Ihr strategisches Ziel verwirklicht ist. Die quälende Frage: „Wie lange das wohl noch dauert?" können Sie sich sparen, schließlich hat auch noch kein General gefragt, wie lange er denn zu kämpfen habe, bis der Sieg gewährleistet sei.

Im wesentlichen können Ihnen nur zwei strategische Fehler unterlaufen: Sie können vorzeitig resignieren und die Suche erfolglos beenden oder diese erst gar nicht starten.

Solange Sie jedoch für Ihre Ziele kämpfen, bestehen stets berechtigte Hoffnungen, daß diese auch erreicht werden. Daher sollte sich ein Grundsatz unauslöschlich in Ihr Unterbewußtsein eingraben: Vivere militare est – Leben heißt kämpfen, und zwar nicht nur bis zur letzten Patrone, sondern bis zum letzten Hauch von Mann und Roß! Kapitulieren können Sie immer noch, also verschieben Sie es gefälligst auf morgen!

4. Angriffstaktik

„Nach einem kurzen, aber gewaltigen Feuerschlag unserer Artillerie sind in den frühen Morgenstunden des heutigen Tages eigene Kräfte auf breiter Front zum Angriff angetreten und im ersten Ansturm tief in die feindlichen Stellungen eingebrochen. In der Tiefe des gegnerischen Raumes sind erbitterte Kämpfe im Gange. Die große Angriffsschlacht nimmt, von starker Jagd- und Kampffliegerunterstützung begleitet, ihren Fortgang ..."

So oder ähnlich gestaltet sich das Szenario einer militärischen Auseinandersetzung in unserem friedliebenden zwanzigsten Jahrhundert aus der euphemistisch-nonchalanten Sicht der Kriegsberichterstattung.

Wunderbar zu erkennen – die einzelnen Phasen des Angriffs: Feuervorbereitung, Sturm und Einbruch, Kampf durch die Tiefe. Nicht zu vergessen die in sämtlichen Operationsphasen wichtige Feuerunterstützung aus dem dreidimensionalen Raum.

Der Verlauf eines perfekt geführten Flirts unterscheidet sich davon in keinster Weise: Durch anziehende Blicke wird der Angriff vorbereitet, es folgen Annäherung und Ansprechen sowie der Kampf durch die Tiefe mittels geschickt eingesetzter Gesprächstaktiken, alles durch eine gewinnende Körpersprache bestmöglich unterstützt.

So wie der geschickte Ansatz eigener Kräfte, die Kombination von Flach- und Steilfeuer, die Koordination von Feuer und Bewegung und das Zusammenwirken aller Waffen über Sieg und Niederlage auf dem Gefechtsfeld entscheiden, ist eine entsprechend ausgefeilte Flirttaktik dazu berufen, bei Ihrem Gegenüber einen möglichst sympathischen Eindruck zu erwecken. Daher kann es nur von Vorteil sein, sich endlich eine ausgeklügelte Angriffstaktik zurechtzulegen.

4.1. Angriffsgrundsätze

Vor dem Losschlagen, wollen wir uns, als angehende Profis, zunächst mit einigen Grundregeln vertraut machen, denen im Zuge unserer Bestrebungen, Kontakte zum schönen Geschlecht zu knüpfen, unbedingt Beachtung geschenkt werden sollte.

Einer der wichtigsten Grundsätze lautet: Ein Flirt verpflichtet zu nichts. Wohl stellt er den Anfang einer jeden Beziehung dar, dennoch bildet diese keineswegs das zwingende Ende. Daher sollten Sie einen Flirt auch nicht höher bewerten als das, was er eigentlich ist, eine schwache Option für eine Partnerschaft.
In den wenigen Minuten eines Flirts stellen wir uns selbst dar und versuchen zugleich herauszufinden, was unser Flirtpartner für eine(r) ist, und ob es sich lohnt, den Kontakt weiter auszubauen, oder ob man es bei dieser Begegnung bewenden läßt.
Bei reifen Menschen kann es durchaus einige Zeit dauern, bis man sich richtig kennen – und lieben lernt. Bis man feststellt, ob der andere der Richtige ist – oder nicht. Ausfälle und Rückschläge sind daher etwas Natürliches. Daran trägt keiner die Schuld. Es gibt eben Menschen, die einfach nicht zusammenpassen, was sich oftmals erst nach einiger Zeit herausstellt.
Im krassen Gegensatz hierzu steht das bei vielen Männern beobachtete Auswahlverhalten. Hier treffen nicht Herz und Verstand, sondern der Schwanz die Entscheidung. Mann sieht eine Frau, welche ihn sexuell reizt, und verspürt sofort das Bedürfnis, diese zu vögeln. Der Erreichung dieses Ziels werden nun alle Handlungen untergeordnet. Meist kommen dann Sätze wie: „Du bist so hübsch", „Ich liebe dich", „Ich find' dich süß" schon nach den ersten Gesprächsminuten. Weitaus ehrlicher – dafür aber meist um so kontraproduktiver – wäre: „Mit dir würde ich gerne mal eine heiße Nacht buchen!" Entwickelt sich nicht mehr als ein „harmloser" Flirt, heißt es: „Erst macht sie mir Hoffnungen, und dann läßt sie mich abblitzen." Ein derartiges Verhalten macht Sie mit Sicherheit zum Traum aller Frauen!

Bei der Kontaktaufnahme hat, so widersprüchlich sie sich auch anhören mag, folgende Grundregel Gültigkeit: Je unverbindlicher Sie den Flirt gestalten, desto größer ist die Chance, daß etwas Verbindliches daraus entsteht.

Dies liegt in der Tatsache begründet, daß Frauen im Gegensatz zu Männern eher einen Partner fürs Leben oder zumindest für längere Zeit als eine Fickgelegenheit suchen. Wir erinnern uns: Frauen sind ihrem biologischen Auftrag, Kinder zu bekommen und aufzuziehen, oftmals auch ohne sich dessen bewußt zu sein, so verbunden, daß sie im Gegensatz zum Mann (biologischer Auftrag: möglichst viel vom eigenen Samen verteilen) im Leben keineswegs vorrangig das Vergnügen suchen, sondern einen Partner, von dem sie sich qualitativ hochwertigen Nachwuchs und Unterstützung bei der Aufzucht versprechen.

Das Auswahlverhalten von Menschen, die etwas Langfristiges suchen, wird sich daher von dem Verhalten derer, die lediglich auf ein kurzfristiges Vergnügen aus sind, ebenso unterscheiden wie das Verhalten beim Kauf eines Eises sich von dem beim Kauf eines Neuwagens unterscheidet.

Während man sich beim Kauf eines Eises mal schnell das leckerste aussucht und falls der Eisverkäufer nur eine Sorte im Angebot hat, eben diese gewählt wird, will die Anschaffung eines Neuwagens gut überlegt sein. Schließlich muß man ja mit der ausgewählten Kiste tagtäglich durch die Gegend gondeln. Was man bei solch einer Anschaffung mit Sicherheit absolut nicht verkraften kann, ist das Gefühl, zu einer Entscheidung gedrängt zu werden. Deshalb wird in aller Regel auch derjenige Händler die meisten Verträge abschließen, der dem Kunden seine Modelle nicht aufnötigt, sondern nett und überzeugend, vor allem aber durch Zurückhaltung suggeriert, daß seine Fahrzeuge die beste Wahl sind, und dem Käufer somit das Gefühl vermittelt, selbst eine gute Entscheidung zu treffen, anstatt irgend etwas aufgeschwatzt zu bekommen.

Vergessen Sie nie: Auch Sie stellen eine hochqualitative Ware dar, die von allen Seiten begehrt ist und daher niemandem aufgedrängt werden muß. Wer ständig bestrebt ist, sich schnellstmöglich zu verramschen, macht sich bei Frauen äußerst verdächtig. Diese haben nämlich ein sehr feines Gespür dafür entwickelt, wer – aus welchem Grund wohl? – ständig krampfhaft auf der Suche ist. Da Frauen mit ihrer Wahl auch dann noch zufrieden sein wollen, wenn sie die Sache im wahrsten Sinne des Wortes überschlafen haben, sollten Sie sich in Zurückhaltung üben und die Signale der Kaufbereitschaft abwarten. Wer von Anfang an bestrebt ist, eine Frau völlig für sich zu vereinnahmen, braucht sich überhaupt nicht zu wundern, wenn ihm von dieser schon rein instinktiv dieselbe Abwehrhaltung entgegengebracht wird, welche auch dem Hausierer an der Wohnungstür entgegenschlägt.

Es mag ja sein, daß Sie sich bereits auf den ersten Blick unsterblich verliebt haben. Gerade in solch einem Falle sollten Sie sich – und sei es noch so schwer – etwas Zurückhaltung auferlegen. Machen Sie sich nicht uninteressant, indem Sie der Frau das Gefühl vermitteln, nahezu auf sie gewartet zu haben. *„Wer eine Gunst zu schnell gewährt, der übel in der Liebe fährt"*, lautet in diesem Zusammenhang ein altes Sprichwort. Aus eigener Erfahrung werden Sie vielleicht wissen: Alles, was einem ohne großes Zutun in den Schoß fällt, stellt keine echte Herausforderung dar, ist wenig reizvoll und wird daher in seinem Wert nur gering geachtet. Ein Flirt entwickelt sich nicht zuletzt deshalb zu einer Beziehung, weil beide Flirtpartner Angst haben, einander wieder aus den Augen zu verlieren. Mit dieser Angst ist es jedoch nicht sehr weit her, wenn Sie dem anderen schon von vorneherein Ihre Abrufbereitschaft signalisieren ...

Ich weiß – es gehört schon eine verdammte Kaltblütigkeit dazu, sich in Zurückhaltung zu üben, wenn einen die Minne fast verrückt macht. Hier kann sich wahrlich zeigen, wem rechte Kunst zu eigen!

Eine Beziehung zu beenden, ist stets eine unangenehme Sache. Besonders für das „schwache" Geschlecht. Dies stellt einen weiteren Grund dar, weshalb Sie einen Flirt so unverbindlich als möglich gestalten sollten. Jede Frau wird sich hüten, zutraulich zu werden, ohne Sie näher kennengelernt zu haben. Wer kauft schon gerne die Katze im Sack? Geben Sie ihr also die Chance, ungezwungen zu beobachten, zu beurteilen und einen Entschluß zu fällen. Belasten Sie dieses Kennenlernen nicht dadurch, indem Sie versuchen sie unter Zug-

zwang zu setzen. Falls Sie einer Frau von Anfang an keinerlei Rückzugsmöglichkeit offenlassen, schwebt über dieser stets die Angst – sollten Sie nicht der Richtige sein – gewaltsam mit Ihnen Schluß machen zu müssen. Gestalten Sie die Kennenlernphase hingegen gleich einem Spiel, aus dem Frau jederzeit aussteigen kann, wird sie sich viel ungezwungener auf Sie einlassen können. Sie hat in diesem Falle mit Sicherheit nicht die Angst, ihre Freiheit zu verlieren, sondern eher die Angst, Sie zu verlieren, und steigt aus der sich anbahnenden Beziehung grundsätzlich erst dann aus, wenn ihr der Einsatz wirklich zu hoch wird, und nicht schon, wenn er ihr möglicherweise zu hoch scheint.
Geben Sie also den Frauen die Zeit und die Chance, sich in Sie zu verlieben. Wer ständig bestrebt ist, selbst den ersten Schritt zu tun, wird zudem nie in den Genuß weiblicher Verführungskünste kommen. Eigentlich schade!

Aus eben diesen Gründen sind Sätze wie: „Entschuldigen Sie, daß ich Sie einfach so anspreche. Ich bin der Klaus und bin auf der Suche nach einer Lebensgefährtin. Wollen Sie meine Frau werden?" oder: „He Alte, willst schmusen, mir wär's egal ..." nicht der große Brüller. Auf diese Weise „aufgerissen" zu werden, erfüllt, unabhängig davon, wie toll Sie aussehen, nur wenige Frauen mit Begeisterung.
Das mag ja alles sein, werden Sie sagen, und doch kenne ich Fälle, in denen eine derartige Anmache von durchschlagendem Erfolg war. Ich auch:

Schlagerabend in einem Schicki-Micki-Schuppen. Am uns gegenüberstehenden Tisch waren zwei Frauen damit beschäftigt, eine Flasche Sangria zu leeren. Schon allein ihre Art, aus der Flasche zu trinken, war eine Provokation für die Männerwelt. Eine von beiden hatte, wie unschwer zu ersehen war, da sie keine Gelegenheit ausließ, ihrer Freundin die Zunge herauszustrecken, ein Zungenpiercing. Es dauerte nicht lange, bis sie in Richtung Toilette direkt an uns vorüberging. „Auf dem Rückweg kassier' ich sie", meinte mein Freund trokken zu mir. Nach einigen Minuten schlängelte sie sich durch den brechend vollen Schuppen wieder in Richtung ihres Tisches zurück. Da trat ihr mein Freund einen Schritt entgegen, sagte „Hi!", legte den Kopf schief und sah sie von unten an. Daraufhin berührte sie mit ihrer Hand seine Hüfte, legte ebenfalls den Kopf schief und schenkte ihm auch ein „Hi!". „Tolles Zungenpiercing! – Wie küßt sich's eigentlich damit?" hörte ich ihn sagen. „Probier's doch aus!" meinte sie, während sie ihm auch die andere Hand an die Hüfte legte. Ehe ich mich versah, tauschten beide die heißesten Zungenküsse aus ...

Und? Was lernen wir daraus? Etwas Zurückhaltung ist nie verkehrt! Haha, werden Sie sagen, von Zurückhaltung kann in diesem Fall wohl nicht die Rede sein. Ich finde schon! Betrachten wir obigen Gefechtsverlauf doch einmal genauer: Wer hat denn als erstes den Körperkontakt gesucht? Wer meinte auf eine scherzhafte Frage hin, die man leicht mit dem Satz: „Küssen mit Zungenpiercing ist geil!" oder „Frag meinen Ex!" hätte beantworten können, „Probier's doch aus!"? Mein Freund hatte sich getreu dem Grundsatz: „Die Angriffsgeschwindigkeit bestimmt stets die Frau!" durchaus Zurückhaltung auferlegt und sich darauf beschränkt, der reagierende Teil zu sein. Seine Kunst bestand darin, Tatjana einerseits zu ihrem Verhalten zu ermutigen, ihr aber andererseits dennoch sämtliche Rückzugsmöglichkeiten offenzuhalten. Hätte er sie mit Sätzen wie „Ich liebe dich!" oder „Laß mich dich küssen!" bedrängt, wäre die Sache aller Wahrscheinlichkeit nach weniger spielerisch verlaufen. Zudem hätte er eine Frau wie Tatjana sicherlich verschreckt, wenn er ihr schon anfangs mit einer Beziehung gedroht hätte. Ein unverbindlicher Geschlechtsverkehr war dagegen durchaus in ihrem Sinne ...
Derartige Feinheiten der Blitzkriegsführung erschließen sich dem neidischen Zuschauer nur in sehr seltenen Fällen. Was er zu sehen bekommt, ist lediglich ein kurzer Wortwechsel und im Anschluß daran ein wildes Geknutsche. Derartige Erlebnisse erwecken häufig den Eindruck, auf die direkte, plumpe Tour ginge einiges. Von dem Irrglauben „Das hätte ich auch gekonnt!" ganz zu schweigen!
Da Sie gegen den Willen einer Frau sowieso nichts erreichen, sollten Sie es besser erst gar nicht versuchen. Am meisten erleben Sie grundsätzlich dann, wenn Sie sich nach dem Ansprechen zunächst passiv verhalten und ein positives Feedback Ihrer Flirtpartnerin abwarten.

Im Anschluß daran empfiehlt es sich, die Sache mittels sogenannter „Jokerfragen" zu forcieren. Diese Fragen sind – wie an obigem Beispiel zu ersehen – so konzipiert, daß Sie der Frau sowohl die Möglichkeit zum Angriff als auch zur Angriffsunterbrechung geben. Geschickt gestellte Jokerfragen erfüllen damit eine doppelte Aufgabenstellung: erstens ermutigen Sie Ihre Flirtpartnerin zu einer spielerischen Annäherung und zweitens liefert die Tatsache ob diese Annäherung erfolgt – oder unterbleibt – wertvolle Aufklärungsergebnisse über den momentanen Gefühlszustand der betreffenden Person.
Ohne positives Feedback sollten Sie auf eine weitere Forcierung unbedingt verzichten! Entspannen Sie die Situation, indem Sie sich wieder ein Stück weit zurückziehen. Geben Sie der Frau etwas Zeit, um ihre Gefühle zu ordnen. Oftmals ist ein taktischer Halt eben vonnöten! Glauben Sie mir: Es bricht einer jeden Offensive das Genick, wenn die Panzer permanent schneller rollen als der Nachschub Schritt halten kann ...

Falls Sie dieses Verhalten zur dominanten Strategie erheben, werden Sie mit Sicherheit mehr als nur eine kleine Teilmenge aus der Menge der Frauen, bei welchen Sie potentielle Chancen haben, für sich reservieren. Es gibt selbstverständlich, da will ich Ihnen nicht widersprechen, auch Frauen, welche sich auf plumpe Art und Weise kassieren lassen. Niemand wird jedoch behaupten, daß Ihnen diese im Zuge einer feineren Vorgehensweise nicht ebenfalls erliegen.

Aus dem oben Erwähnten läßt sich ein weiterer Grundsatz ableiten, welchem Sie in Ihrem ureigensten Interesse unbedingt Beachtung schenken sollten: Halten Sie Ihre Angriffsabsichten, insbesondere das Angriffsziel, geheim! Das Bedürfnis, sich mit solch einer Neuigkeit wichtigzutun, ist bei jedem Ihrer Zuhörer übermächtig. Einmal in Umlauf gebracht, kommen Ihre Absichten dem Zielobjekt sowie Neidern und Nebenbuhlern meist schneller zu Ohren, als Ihnen lieb ist.
Abgesehen davon, daß letztere alles daran setzen werden, Sie in der Öffentlichkeit so schlecht wie möglich dastehen zu lassen, ist der gewünschten Beziehung schon von vornehmerein jede Spannung ge-

raubt. In den Augen der Frau werden Sie stets nur derjenige sein, der etwas von ihr will und dies auch noch – ach, wie männlich! – in der Gegend herumtratscht. Da sie Ihre „ruchlosen" Absichten kennt, wird sie vorsichtig sein und sich, wohl wissend, daß Sie die ganze Hand fordern und keineswegs wieder loszulassen gewillt sind, reiflich überlegen, Ihnen den kleinen Finger zu reichen. Diese Vorsicht, die Angst, daß jede Annäherung ihrerseits sofort falsch verstanden wird, machen es ihr nicht gerade leicht, völlig frei und unbefangen zu entdecken, was für ein wertvoller Mensch Sie sind. Abgesehen davon, daß etwas, wonach man nur zu greifen braucht, eine nicht gerade besonders herausfordernde Eroberung zu werden verspricht.

„Sieh dir mal die zwei Idioten an. Die haben es kreuznotwendig. Aber so, wie die sich benehmen, bleibt ihnen der Schnabel mit Sicherheit schön sauber", meinte meine Freundin Nadine eines Abends zu mir. In der Tat standen nur wenige Tische von uns entfernt zwei Jungs, die, wie Dagmar dies so treffend auszudrücken pflegt, „krampfhaft auf der Suche" waren.
Prüfend stierten sie in die Menge. Nach jeder Frau, die an ihnen vorüberging, wandten sie sich um. Mimik und Gestik war zu entnehmen, daß alles, was an ihnen vorbeilief, einer gründlichen Beurteilung unterzogen wurde. Sie hielten nach allen Richtungen Ausschau und machten sich gegenseitig auf „heiße Geräte" aufmerksam. Ihre Köpfe drehten sich wie Kinderkreisel ...
Diese Bilder vor Augen, kann ich mir in etwa vorstellen, welchen Eindruck ein derartiges Verhalten bei Frauen hinterläßt. Nadine meinte damals: „Schwerenöter, die jedem Rock hinterherhecheln, wie ausgehungerte Hyänen, widern mich an!!!"
Wem es hingegen gelingt, den Eindruck zu erwecken, sich nicht im geringsten für seine Umgebung zu interessieren und dessen Blick den einer Frau nur rein zufällig kreuzt – was ihm selbstverständlich ein spontan-charmantes Lächeln abnötigt –, wirkt auf diese mit Sicherheit attraktiver als jemand, der, auf jede Flirtgelegenheit lauernd, schon den ganzen Abend dämlich grinsend zu ihr herüberspechtet.

Noch etwas wirkt auf die Frauenwelt ziemlich abstoßend: alkoholisierte Männer. In geringen Mengen genossen, kann Alkohol durchaus eine wünschenswert enthemmende, die Stimmung hebende Wirkung haben. Diese positive Wirkung kann sich jedoch sehr schnell ins Gegenteil umkehren, wenn Sie im Suff aufdringlich werden oder herumzuproleten beginnen. Daher sollten Sie den Alkohol eher in Maßen denn in Massen konsumieren.
Allerdings hat, das sollte man nie vergessen, ein zünftiger Saurausch auch seine Vorteile: Die Welt ist voll von schönen Frauen.
Wer allerdings sein Leben nach dem Motto: „Es gibt keine häßlichen Frauen, nur zuwenig Alkohol!" einzurichten gedenkt, dem sei gesagt, daß Alkohol zwar die Schmerzgrenze herabsetzt und das sexuelle Verlangen steigert, leider aber auch die Vollzugsfähigkeit mindert. „Kein Problem!" wird manch einer jetzt sagen. „Zwei Tabletten Viagra in einem Kasten Bier aufgelöst, und ab geht die Post!" Nun denn: wohl bekomm's! *„Rüstig gezecht, bis der Rausch euch zähmt! Alles den Göttern zu Ehren, daß gute Ehe sie geben!"* (Richard Wagner, Götterdämmerung)

4.2. Feuervorbereitung: Blickkontakt aufnehmen

„Eine gründliche Artillerievorbereitung spart Blut und mindert die Ausfälle – zumindest die eigenen!" pflegte ein mir gut befreundeter Feuerleitoffizier stets zu sagen. Diese Weisheit läßt sich durchaus auf unsere Situation übertragen. Entsprechende Maßnahmen der Angriffsvorbereitung erhöhen auch hier die Erfolgsaussichten, während sie die Gefahr einer Abfuhr deutlich verringern.
Eröffnen Sie nach Möglichkeit jeden Ihrer Angriffe, indem Sie Blickkontakt aufnehmen und die Wirkung Ihres „visuellen Feuerüberfalls" abwarten. „Nonverbales Flirtbereitschaftsabchecken" nennt man diese höchst effiziente Methode, welche Ihnen auf schnelle und diskrete Weise – d.h. ohne vor den Augen der Welt im unangenehmen Gespräch abzublitzen – eine Orientierung darüber verschafft, ob weitere Aktionen erfolgversprechend sind oder nicht.
Dieser Vorgehensweise liegt die Erkenntnis zugrunde, daß Willenserklärungen insbesondere durch schlüssiges Verhalten abgegeben werden. Eine Frau anzusprechen, die Ihren Blick nicht zu erwidern vermag, ihm ausweicht, sich abwendet oder ihre Augen zu drehen beginnt, können Sie sich ruhigen Gewissens schenken. Sie haben nichts, aber auch gar NICHTS versäumt!
Verbale Abfuhren fängt sich in aller Regel meist nur derjenige ein, dessen Gespür für den richtigen Angriffszeitpunkt bzw. dafür, ob überhaupt etwas läuft oder nicht, generell etwas unterbelichtet ist. Daher sollten Sie Ihre Sinne schärfen, um jene nonverbalen Signale auch erkennen zu können. Wir alle haben auf diesem Sektor feine Antennen und brauchen sie nur zu benutzen. Mit zunehmender Erfahrung wird jeder ganz automatisch ein untrügliches Gespür dafür entwickeln, ob ihm Interesse und Zuneigung entgegengebracht werden oder nicht.

Mit dem bloßen „Abchecken" der Flirtbereitschaft allein ist es jedoch nicht getan. In vielen Fällen läßt sich Flirtbereitschaft, die anfangs nicht vorhanden ist, nämlich auch erzeugen. Daher muß eine brillante Angriffsvorbereitung stets beide Komponenten, zum einen den Versuch, Flirtbereitschaft zu erwecken, sowie andererseits das Überprüfen, ob Flirtbereitschaft vorliegt, in gleicher Weise umfassen. Im Idealfall laufen diese Vorgänge zeitlich parallel ab. Zum Flirt anregende Signale werden ausgesandt, während die Reaktionen auf jene Signale empfangen und mit dem Ziel, das weitere Vorgehen darauf abzustimmen, ausgewertet werden ...

Wenden wir uns nun der Frage zu, wie eine derartige Angriffseröffnung zu gestalten ist. Die erste Maßnahme, um einen Flirt einzuleiten, lautet: Verbreiten Sie gute Laune. Setzen Sie eine fröhliche Miene auf und zeigen Sie der Welt, daß Sie ein aufgeschlossener, freundlicher und unkomplizierter Mensch sind, mit dem man jede Menge Spaß haben kann. Dadurch strahlen Sie auf Ihre Umgebung eine geballte Dosis positiver Wellen aus, die bei anderen auf eine ganz natürliche Weise das Bedürfnis erweckt, mit Ihnen in Kontakt zu treten. Wer – wie es in unserer nüchtern-rationalen Welt üblich scheint – ständig das Visier heruntergeklappt und somit den Anschein erweckt, ein komischer, verschlossener und komplizierter Kerl zu sein, braucht sich überhaupt nicht zu wundern, wenn seine sozialen Kontakte verkümmern. Mit solch einem Menschen verkehrt man nun mal nicht gerne. Wer hingegen durch sein offenes und sonniges Wesen überall Partystimmung verbreitet, fordert es nahezu heraus, angesprochen zu werden. Eines sollten Sie sich in diesem Zusammenhang merken: Gute Laune steckt an, sie taut den verschlossensten Eigenbrötler auf und öffnet die Herzen der Frauen.

Ist es Ihnen gelungen, Ihre Umgebung, vor allem aber sich selbst in einen Zustand von Ausgeglichenheit, freudiger Erregung, Offenheit und Flirtbereitschaft zu versetzen, können Sie als nächstes versuchen, Blickkontakt mit dem ausgewählten Angriffsziel aufzunehmen.

Dabei sollten Sie allerdings vermeiden, pausenlos in ihre Richtung zu gieren, sie zu fixieren oder anzuglotzen, wie eine Kuh dies zu tun pflegt. Setzen Sie keinen durchbohrenden oder stechend musternden Blick auf! Auch sollten Sie sie nicht gleich mit Ihren Blicken ausziehen und sich dabei womöglich noch mit der Zunge über die Lippen fahren wie ein alter Lustmolch. Ebenso sind frivole Schlafzimmerblicke und sonstige anzügliche Gesten zu diesem Zeitpunkt völlig fehl am Platze. Als Mann stehen Sie meist ohnehin unter dem Verdacht, nur „das Eine" zu wollen. Um diesem bösen Vorurteil nicht noch zusätzlichen Vorschub zu gewähren, sollten Sie sich, besonders in der Kennenlernphase, taktische Zurückhaltung auferlegen, damit das Wild nicht vorzeitig abspringt.

Unklug ist es auch, sollten Sie bemerken, daß sie zu Ihnen herübersieht, ihr völlig überraschend und unvermittelt in die Augen zu blikken. Mit derartigen Überfällen erreichen Sie lediglich, daß sie Ihrem Blick beschämt und ertappt ausweichen muß und ihr womöglich angst vor der eigenen Courage wird.

Statt dessen empfiehlt es sich, unbemerkt zu beobachten, in welche Richtung sie schaut, und die erstbeste Gelegenheit zu nutzen, um ihren Blick zu streifen. In dem Moment, wo die Blicke sich treffen, halten Sie kurz inne, um ihr freundlich in die Augen zu sehen. Öffnen Sie dabei Ihre Augen so, als ob Sie die ganze sonnige und farbenfrohe Welt in sich aufnehmen könnten. Sorgen Sie dafür, daß der Blick, welchen Sie ihr schenken, nur einen Sekundenbruchteil länger als übliche Blicke währt. Anstatt den Blick nun schüchtern und unsicher abirren zu lassen, erfolgt ein leichter Wimpernschlag, nach welchem Sie ihr wie zuvor, begleitet von einem sanften Lächeln, in die Augen blicken. Nach diesem nur wenige Sekunden dauernden Vorgang, schwenken Sie Ihre kleinen Scheinwerfer langsam ab und warten auf ihre Reaktion. Wie lange sie den Blickkontakt hält, wird wohl eher von ihrer Coolness als von dem Eindruck, welchen Sie hinterlassen, abhängen. Eitel, wie alle Frauen – oder besser gesagt: alle Menschen – nun mal sind, wird sie die Aufmerksamkeit, welche Sie ihr schenken, in jedem Falle als Kompliment auffassen.

Mit dieser Aktion haben Sie Ihr Interesse an einem Flirt auf nette und unaufdringliche Weise bekundet sowie mit Sicherheit auch die weibliche Neugierde geweckt. Der Angriff ist eröffnet. Im folgenden wird sich das mechanische Räderwerk ihres Gehirns, seiner Bauart entsprechend mehr oder weniger schnell, in Bewegung setzen, um je nach der Komplexität des vorliegenden Entscheidungsproblems früher oder später zu einem Entschluß für das weitere Verhalten, sprich: flirten oder nicht flirten, zu gelangen.

Hat sie keine Lust, sich auf einen Flirt einzulassen – sei es, weil sie sich im Moment in einer glücklichen Beziehung befindet, oder weil

Sie nun mal überhaupt nicht ihr Typ sind – wird sie Ihnen dies durch schlüssiges Verhalten – ihrer charakterlichen Eigenart entsprechend, mehr oder weniger charmant – zu verstehen geben. Vielleicht läßt sie ihren Blick gleichgültig über Sie hinweggleiten, wendet sich ab oder wechselt womöglich sogar ihren Standort. Wenn sie schon auf Ihre Blicke entweder negativ oder überhaupt nicht reagiert, können Sie auf weitere Avancen getrost verzichten. Ein guter Flirt zeichnet sich nämlich durch ein spielerisches Aufeinanderzugehen und keineswegs durch einseitiges Nachlaufen oder Bedrängen aus. Auch für den Fall, daß sie lediglich ausgerechnet an diesem Tag nicht flirtbereit ist, weiß sie dennoch Bescheid. Es ist dann an ihr, bei einem späteren Treffen den ersten Schritt zu tun ...

Ist sie hingegen einem Flirt nicht abgeneigt, wird sie bestrebt sein, den Blickkontakt aufrechtzuerhalten. Suchen und treffen sich die Blicke in regelmäßigen Abständen immer wieder, so kann dies als sicheres Anzeichen für gegenseitiges Interesse gewertet werden.

Blickt sie Ihnen in die Augen, so sollten Sie diesem Blick keineswegs ausweichen. Ertappt wegzusehen zeugt von mangelnder Selbstsicherheit und kommt bei Frauen meist ebenso schlecht an, wie wenn Sie sie unentwegt mit arrogant-kalten Blicken zu durchbohren oder mit lüsternen Blicken zu vernaschen suchen. Bleiben Sie locker, flirten ist ein Spiel! Dabei gilt es ihren Blick unbeschwert aufzufangen und zurückzuwerfen. Setzen Sie, statt vorzeitig abzuirren oder sie krampfhaft anzustarren, lieber einen sanften Wimpernschlag. Sie wird diesen keineswegs als Verlegenheitsgeste, sondern vielmehr als freundliches, aber unaufdringliches Zuzwinkern interpretieren. Gerade als Mann sollten Sie jedoch darauf achten, daß Sie nicht tuntenhaft-affektiert mit den Augen zu klimpern beginnen. Dies hinterläßt wohl in den wenigsten Fällen einen positiven Eindruck.

Während des Blickkontaktes gilt es noch von einer weiteren Wunderwaffe Gebrauch zu machen: Ihrem Lächeln. Ein Lächeln ist wie ein Schlüsselreiz, es öffnet die Herzen der Menschen und steckt an. Selbst zurückhaltende Menschen tauen auf und lächeln zurück.

Mittlerweile ist sogar wissenschaftlich nachgewiesen, daß das Hochziehen der Mundwinkel beim Lächeln einen positiven Einfluß auf das Nervensystem sowie den gesamten Körper ausübt. Mit einem Lächeln versetzen Sie daher nicht nur sich selbst in eine positive Stimmung, sondern initiieren diese auch bei anderen. Sie sehen also, ein Lächeln lohnt sich in vielerlei Hinsicht.

Lächelt sie zurück, haben Sie schon so gut wie gewonnen. Es ist Ihnen gelungen, ihre Aufmerksamkeit zu gewinnen, und dies sogar, ohne daß Sie sich vor den Augen anderer mittels spektakulärer Aktionen zum Deppen machen oder den Clown mimen mußten. Im Gegenteil: Ihr visueller Feuerüberfall ist höchst diskret und bei entsprechend geschicktem Verhalten ohne weitere Zeugen abgelaufen. Sind Sie abgeblitzt, können Sie problemlos einen Zielwechsel vornehmen, ohne daß sich Ihr nächstes Opfer als „zweite Wahl" fühlt oder Sie gar als Aufreißer und Schwerenöter gelten.

4.3. Sturm und Einbruch: Annäherung und Ansprechen

Nachdem Sie in der beschriebenen Weise Blickkontakt aufgenommen haben, sind die Voraussetzungen, für den nächsten Schritt, die Frau anzusprechen, denkbar günstig. Der Angriff ist vorbereitet, demzufolge lautet nun die Devise: „Ran an den Feind!"
Wollen Sie Ihre nonverbalen Möglichkeiten wirklich bis zum Letzten ausreizen, können Sie ihr jetzt noch zuwinken, den Mund bewegen und über die Distanz leise: „Hi, kleiner Spatz!" oder Ähnliches sagen. Dies empfiehlt sich besonders dann, wenn Sie über eine größere Entfernung flirten. Reagiert sie positiv, haben Sie die Gewißheit, daß sie sich zum einen wirklich angesprochen fühlt und andererseits auch an einer verbalen Kontaktaufnahme interessiert ist. Zugleich gelingt es Ihnen mit dieser Maßnahme auf nette Art und Weise, über die Distanz hinweg etwas Nähe zu vermitteln, und sie, durch ein geschicktes Hochfahren der Eskalationsstufen, auf den nächsten Schritt, Ihre Annäherung, vorzubereiten.
Gleich einem Lächeln steckt auch ein Winken unmittelbar zum Zurückwinken an. Es zu unterlassen, wäre ähnlich einem nicht erwiderten Gruß schon fast eine grobe Unhöflichkeit. Indem Sie winken, veranlassen Sie auch relativ schüchterne Mädchen, aus sich herauszugehen, in Aktion zu treten und zurückzuwinken. Eine Maßnahme, die in ihrer Bedeutung für den weiteren Flirtverlauf gar nicht hoch genug eingeschätzt werden kann. Übersieht sie Ihr Winken – was ja durchaus mal passieren kann – wiederholen Sie es eben.

Nachdem sie Ihren Blickkontakt erwidert und zurückgelächelt (beziehungsweise, im Falle größerer Distanzen zwischen den Flirtpartnern, zurückgewunken) hat, heißt es unverzüglich auf die Frau zugehen und sie ansprechen. Zögern Sie nicht zu lange, ansonsten erwecken Sie unweigerlich den Eindruck, daß Sie sich entweder Ihres Opfers oder Ihrer selbst nicht sicher sind. Beides entfaltet eine gleichermaßen kontraproduktive Wirkung.
Mit Sicherheit kennen Sie die Situation: In Ihrer Nähe steht ein hübsches Mädchen. Sie sehen zu ihr hinüber, die Blicke treffen sich. Erschrocken über Ihren eigenen Mut wenden Sie den Blick ab. Kurze

Zeit später schauen Sie wieder hin. Sie sehen sich abermals tief in die Augen. Jetzt ist sie es, die verlegen den Blick senkt ...
Bevor dies noch fünf Stunden so weitergeht und die Situation allmählich etwas Peinliches bekommt, sollten Sie tätig werden. Sich zwar hoffnungsfroh anzusehen, aber es nicht gebacken zu kriegen, in Kontakt zu treten, kann ja wohl nicht die Leitungslösung sein, Ihr armen Würstchen! Dabei ist das doch so leicht ...
Ein guter Freund hat einmal einen Leitsatz geprägt, welchen auch Sie sich zu eigen machen sollten: „Wo bleibt die Effizienz, wenn ich unterwegs bin, ein hübsches Mädchen sehe und sie nicht anspreche?" Wie in der Physik gilt auch hier: Ohne Aktion keine Reaktion. Die Aktion haben im Zweifelsfall immer Sie als Mann zu starten. Andernfalls vergeben Sie Chancen, was eigentlich schade ist, oder nicht?
Glauben Sie mir, eine Frau anzusprechen, ist gar nicht so schwer. Laufen Sie bitte nicht fünfmal – rein zufällig, versteht sich! – an ihr vorbei, ehe Sie sich trauen, das macht, glaube ich, keinen allzu guten Eindruck. Gehen Sie statt dessen einfach auf sie zu, bleiben stehen, sehen sie freundlich lächelnd an und sagen etwas zu ihr. So einfach ist das!
Das ist überhaupt nicht einfach!!! Was um Himmels willen soll ich zu einem wildfremden Menschen, noch dazu einer Frau, die so hübsch ist, daß es mir die Sprache verschlägt, sagen? Vielleicht: „Hi, Baby – äh, stotter ... schönes Wetter heute!"!? Mit solch einem Satz komme ich mir ja so dämlich vor, daß ich rot werde wie eine Ampel! Mit einer derart billigen Anmache kann ich doch nicht bei meiner Traumfrau landen ...
Zugegeben, wer kennt es nicht, dieses alte Problem, welches uns spätestens seit unserer Pubertät unablässig zu verfolgen scheint? Wen plagten nicht schon jene quälenden Fragen: Wie komme ich am besten mit ihr ins Gespräch? Wie gestalte ich meine Gesprächseröffnung spontan, aber nicht überfallartig, ungezwungen, nett, witzig und intelligent zugleich, um ihrer grenzenlosen Schönheit wenigstens halbwegs gerecht zu werden, ohne sie jedoch zu belästigen, aufdringlich zu sein oder mich selbst dabei zum Idioten zu machen? Welch gewaltiges Anforderungsspektrum es doch zu erfüllen gilt!

O zwangvolle Plage! Nie gelingendes Werk! Vor zwecklosem Mühen schwindet der Mut! Wen packt da nicht Zögern und Zagen? Lassen Sie sich von einem Fallschirmjägeroffizier einmal eines gesagt sein: In manchen Situationen ist Nachdenken einfach weniger gefragt denn pragmatisches Handeln! Im Leben hat man nicht immer die Zeit, um alles gründlich zu erwägen sowie alle Bedenken wider den blitzartig gefaßten Entschluß auszuräumen. Bei überraschend auftretendem Feind gilt es eben aus dem Kreuz zu kommen und keineswegs, einem Schachspieler gleich, aus zig ersonnenen Möglichkeiten des Handelns die beste auszuwählen. Fabrizieren Sie lieber „Scheiße mit Schwung" bevor Sie sich als alles erwägender Bedenkenträger das Gesetz des Handelns zu Ihrem Untergange diktieren lassen. Des öfteren ward den vermeintlich aussichtslosesten Instinkthandlungen schon allein deshalb ein Erfolg beschieden, weil der Feind am wenigsten mit ihnen rechnete. Alle Eventualitäten bedenkend, würde ich wahrscheinlich nicht einmal im Traum darauf kommen, aus einem intakten Flugzeug zu springen ...

Das vorstehend Gesagte gilt in gleicher Weise für das Ansprechen. Nirgends bewahrheitet sich der Ausspruch: *„Wer gar zuviel bedenkt, wird wenig leisten."* (Friedrich Schiller, Wilhelm Tell) mehr als hier. Während Detlef Dichter noch an seinem Eröffnungssatze feilte, war die Frau längst schon abgeritten. Um dies zu verhindern, lautet die Parole: ran an die Frau! Was danach geschieht, wird sich von selbst ergeben.

Zerbrechen Sie sich also nicht den Kopf darüber, mit welchem Satz Sie nun das Gespräch eröffnen sollen. Um anzukommen, müssen Sie, soviel steht fest, nämlich weder Hochgeistiges noch Supermegawitziges vom Stapel lassen. Schließlich sind Sie kein Minnesänger des Spätmittelalters, der in Strumpfhosen, die Klampfe zupfend, unter dem Fenster seiner Angebeteten zu erscheinen hat, um ein ausgeklügeltes Liedchen zum besten zu geben. Wichtig ist lediglich, daß Sie überhaupt etwas sagen.

Es empfiehlt sich grundsätzlich, davon auszugehen, daß Frau ebenfalls das Bedürfnis hegt, Sie anzusprechen, jedoch äußerst schüchtern und daher froh ist, wenn Sie ihr die Initiative abnehmen, egal welche Worte Sie wählen. Zudem gibt es keinen zauberkräftigen Sesam-

öffne-dich-Spruch, welcher geeignet wäre, die Herzen sämtlicher Frauen zu erschließen. Umfrageergebnissen zufolge wissen die meisten Frauen sowieso nicht mehr, was ihr Partner beim Kennenlernen als erstes zu ihnen gesagt hat. Warum also soviel Aufhebens darum machen?
Keine Angst, Sie müssen keine Liebeserklärung abgeben, davon, daß dies das Verkehrteste wäre, was Sie überhaupt tun können, mal ganz abgesehen. Ihr Auftrag besteht lediglich darin, ihr ein Flirtangebot zuzuspielen und abzuwarten, was sie daraus macht.

Am besten eignen sich hierfür situationsbezogene Sprüche, schließlich ist es ja die Situation, welche Sie beide verbindet. Bei genauer Betrachtung bietet jede Situation eine ganze Fülle von Möglichkeiten, ein Gespräch zu eröffnen.
Treffen Sie sich beispielsweise an der Tankstelle, können Sie sagen: „Ist dein Auto auch so durstig wie meins?" Oder etwas derber: „Säuft dein Karren auch so viel?" Unter Umständen bietet sich auch an: „Wow! Deiner bekommt ja gleich Super – du bist aber lieb zu deinem Auto!"
Lassen Sie Ihrer Spontaneität und Schlagfertigkeit freien Lauf, und Sie werden sehen, daß sich zahllose Möglichkeiten für einen Gesprächsanfang bieten. Machen Sie einfach eine Bemerkung zu dem, was Sie sehen, und sagen Sie das, was Ihnen im Moment eben so einfällt. Je häufiger Sie Ihre Kreativität fordern, desto besser kann diese sich auch entwickeln.
Damit haben Sie die Barriere der Sprachlosigkeit überwunden und den Kontakt hergestellt. Nun liegt es an ihr, auf dieses Gesprächsangebot zu reagieren. Je nach Stimmung, welche selbstverständlich auch Ihre Gegenwart nicht unwesentlich beeinflußt, wird sie entweder mit Interesse und Zuwendung oder aber mit Rückzug reagieren. Das Spektrum der möglichen Antworten reicht demzufolge von: „Mein Auto ist heute schon brav gefahren, und wer brav fährt, darf auch teuer trinken." über: „Ja." bis: „Tut mir leid, ich bin in Eile!"
Ich überlasse es nun Ihrem Feingefühl, herauszufinden, ob sie förmlich danach giert, sich mit Ihnen zu unterhalten oder nicht.

Geschickte Frauen stellen bei Interesse, nachdem sie nett geantwortet haben, sofort eine Gegenfrage und schon ist der Flirt am Laufen: „Fährt dein Auto auch so brav?" – „Ja, wir waren heute schon in München." – „Und, was macht man vormittags so in München?" ... Mit Hilfe dieser Maßnahme können Sie, meine Damen, verhindern, daß der Flirt bereits nach dem Ansprechen wieder stirbt, weil schüchterne Männer, die schon der erste Satz Überwindung kostete, einfach nicht mehr wissen was sie sagen sollen und schleunigst das Weite suchen.

Der große Vorteil der situationsbezogenen Ansprechmethode besteht zweifelsohne darin, daß diese sich ebenso unverbindlich wie unverfänglich gestalten läßt. Dadurch laufen Sie in keinster Weise Gefahr, Ihr Flirtopfer zu verschrecken. Zudem halten Sie Ihrem Gegenüber die Möglichkeit offen, sich jederzeit und ohne Sie persönlich zu verletzen, wieder aus der Affäre ziehen zu können. Darüber hinaus sind auch die eigenen Fluchtwege stets unverbaut. Die Liebe kann sich somit frei von allen Zwängen und Hemmnissen ungestört entfalten. Daher ist die Chance, daß aus dieser Vorgehensweise eine Liebesbeziehung entsprießt, weitaus am größten.
Als nachteilig ist hingegen die Tatsache zu werten, daß Sie zumindest in der Anfangsphase nie genau wissen, woran Sie eigentlich sind. „Ist sie lediglich nett, oder will sie mehr von mir?" lautet die bange Frage. Es ist gar nicht so unwahrscheinlich, daß sie von genau derselben Frage in ähnlicher Weise geplagt wird. Wie viele schlaflose Nächte dies auch kosten mag, wie viele ambivalente Signale es auch zu verarbeiten gilt, wie sehr die Ungewißheit Sie auch quälen wird, am Ende siegt, so sie beiderseits vorhanden ist, doch immer die Liebe. Ich wage sogar zu behaupten, daß dieses sehnsuchtsvolle Schmachten in Ungewißheit das Feuer der Liebe oftmals überhaupt erst richtig entfacht. Denn wenig wertvoll dünkt das Gefühl, was allzu leichter Gewinn.
Warten Sie also mit Spannung ab, wie die Sache sich entwickeln wird, anstelle, einem Vierzehnjährigen gleich, zu fragen: „Willst du mit mir gehn?" Glauben Sie mir, es hat sich bewährt, den anderen langsam und ohne sich aufzudrängen entdecken zu lassen, welch

wunderbar wertvoller Mensch Sie sind. Nur selten fällt die Entscheidung „der oder keiner" bzw. „die oder keine" bei beiden Partnern zeitgleich auf den ersten Blick. Geben Sie also der Liebe auf den zweiten Blick die Riesenchance, welche sie verdient, ohne durch einen allzu schnellen Vormarsch natürliche Abwehr- und Blockadereaktionen heraufzubeschwören.

Weitaus verbindlicher sind Gesprächseröffnungen, die direkt auf die angesprochene Person, insbesondere deren Erscheinungsbild, Bezug nehmen. Allerdings können Sie in diesem Fall Ihren Mangel an Zurückhaltung, so er denn einer sein sollte, was von Person zu Person höchst unterschiedlich empfunden wird, ganz vorzüglich durch Witz, Charme und nette Komplimente kompensieren.
Daß Bemerkungen wie: „Du hast aber einen strammen Arsch!" oder: „Hallo, ich will dich ja nicht beunruhigen, aber du hast da einen Hautkrebs – als Dermatologe seh ich so etwas ..." allerdings etwas fehl am Platze sind, brauche ich wohl nicht eigens zu erwähnen.
Vermeiden Sie bitte tunlichst, irgendwelche körperlichen Vorzüge (tolle Figur, süßer Bauchnabel, weiche Lippen u.ä.) zu loben. Dies wird von den meisten Frauen nämlich sofort als Offenbarung sexueller Begierde verstanden, Sie alter Lustmolch! Und welch Vergehen es für die Masse der Frauen darstellt, einen Fick eintüten zu wollen, werden auch Sie inzwischen mitgekriegt haben. Nein, das ist keine sportliche Betätigung, die Spaß macht und den fetten Arsch schlank hält, sondern eine ernste Sache, ein Opfergang sozusagen! Schließlich leben wir nicht mehr in den 68ern! Rauchen, Saufen, Fressen und Fernsehen ist ja O.K., aber Ficken???
Punkt zwei ist der, daß sie ihren Körper meist ganz anders sieht: „Mein Bauch ist nicht süß, er ist fett!" oder: „Mein Arsch ist viel zu breit und schwabbelig!" Zugegebenermaßen stimmt dies, so sie das sechzehnte Lebensjahr schon überschritten hat, in den meisten Fällen. Sie machen sich also der Schleimerei verdächtig! „Das sagst du doch nur, um mich rumzukriegen!", womit wir wieder beim Thema wären. Erwidern Sie jetzt bitte nicht: „Laß es uns treiben, bevor du in fünf Jahren vollständig verblüht bist und kein Hahn mehr nach dir kräht.

Frauen haben nun mal kurze Halbwertszeiten. Carpe diem – Nutze die Jugend!" Lachen Sie nicht, das habe ich alles schon gehört.

Relativ unverfängliche Äußerungen lassen sich hingegen über Haare, Frisur und Bekleidung machen. Da die Haare im Gegensatz zum Gesicht keineswegs den „Spiegel der Seele", sondern eher den „Spiegel der Pflege und kreativen Gestaltungskraft" darstellen, wird sie auch relativ unbefangen darüber sprechen können. Das gilt ebenso für die Bekleidung, zumal Kleider kaufen und zum Friseur laufen ohnehin klassische Frauenhobbys sind.

Falls Sie beabsichtigen, Komplimente zu machen, unterlassen Sie es, diese mit der Maurerkelle aufzutragen! So Sie nämlich verhindern wollen, daß sie sich verarscht fühlt, gilt es Übertreibungen peinlichst zu vermeiden!

Angebracht sind etwa Sätze wie: „Wow! Du hast ja (Nichtzutreffendes streichen!) hübsche Strähnchen, langes Haar, süße Löckchen, glänzendes Haar, einen schicken Zopf, eine schöne Kuh-, Teddybären-, Schmetterlings-Haarspange, ... (und dergleichen)!" Haben Sie sie vorher schon mal gesehen, bieten sich möglicherweise Feststellungen an wie: „Hallo, dich gibt's ja in zwei Ausführungen: einmal mit Löckchen und einmal mit glatten Haaren!" oder: „Du hast ja deine Haare abschneiden lassen!"

Ich hoffe nur, Sie haben vom Friseurgeschäft zumindest soviel Ahnung, daß Sie wissen, was Strähnchen, Affenschaukeln oder Rastalocken sind. Ansonsten werden Sie sich nämlich bei einem sich möglicherweise entspinnenden Fachgespräch über Frisuren bis auf die Knochen blamieren!

Ähnliche Bemerkungen lassen sich auch über Kleidung, Schmuck und sonstige Accessoires anbringen. Damit auch unsere Leserinnen nicht dumm sterben müssen, sondern ebenfalls dazulernen, und Sie, meine Herren, sehen, wie sich aus einem Eröffnungssatz ein Gespräch entwickeln kann, liefere ich Ihnen im Folgenden gleich mögliche Antworten mit:

Er: „Hi, du hast ja eine Gewehrreinigungskette um den Hals!"
Sie: „Wieso Gewehrreinigungskette? Die hat mir mein Bruder zum Geburtstag geschenkt!"
Er: „Mit so was reinigen sie bei der Bundeswehr ihr Sturmgewehr."
Sie: „Echt? Und wie funktioniert das?"
Er: „Da ist am Ende eine Öse dran, wo man Bürsten einhängen kann, die man durch den Gewehrlauf zieht."
Sie: „Und wo ist diese Öse?" (Sie streckt ihren Hals und fingert an der Kette herum.)
Er: „Mal sehen." (Er fingert ebenfalls an der Kette und berührt dabei zufällig sanft ihren Hals.) „Normalerweise ist sie hier, aber sie wurde abgeschnitten und durch einen Verschluß ersetzt, damit du deine Kette nicht verlierst."
Sie: „Echt cool, das habe ich gar nicht gewußt. – Hast du auch eine Kette?" (Regieanmerkung: Sie faßt ihm dabei in den Kragen.)

Na, wenn das nicht gut läuft! Aber, Mädels, schickt eure Brüder bloß nicht zum Bund um euch Gewehrreinigungsketten klauen zu lassen!
Ups, hoffentlich habe ich jetzt keinen Modekult losgetreten! Ansonsten werden sämtliche Versorgungsdienstunteroffiziere, in Anbetracht sich auf ihren Schreibtischen stapelnder Verlustmeldungen über Waffenreinigungsgerät, nämlich bald schon einen gewaltigen Haß auf mich schieben.

Trennung

Er: „Hallo, du hast aber (ein „ja" klingt an dieser Stelle weitaus positiver als das Widersprüche einleitende „aber"!) einen süßen Teddybären-Anstecker am Kleid!" Na gut, ich berichtige: „Hallo! Du hast ja einen süßen Teddybären-Anstecker am Kleid!"
Sie: „Ja, den hab' ich in Italien gekauft."
Er: „Ui! Der spricht ja dann sicher italienisch und versteht mich gar nicht." (Ein kleines Witzchen zu scheißen lockert manch

	gezwungene Situation auf und zeigt, daß Sie ein Mensch und kein frauenverschlingendes Ungeheuer sind!)
Sie:	„Der versteht auch deutsch. Es hat zwar eine Weile gedauert, bis ich ihm das beigebracht habe, aber mittlerweile ist er richtig gut."
Er:	„Dann ist ja dein Teddy noch schulpflichtig?"
Sie:	„Heuer wird er fertig!"
Er:	„Und was will er mal werden?"
Sie:	„Kommt darauf an, was er für eine Abschlußnote schafft!"
Er:	„Was machst eigentlich *du* so beruflich?" (Welch geschickte Überleitung zum Privaten! Nachdem Sie zuerst einen pfiffig-sympathischen Eindruck hinterlassen haben, wird dies mit Sicherheit nicht als indiskrete Frage, so nach dem Motto: „Was geht dich das an?!", gewertet.)

Szenenwechsel:

Er:	„Hi, du hast ja einen tollen Ring!"
Sie:	„Gell! Den hat mir schließlich auch mein Verlobter aus Südafrika mitgebracht!"

(Na ja, es gibt Tage, da verliert man eben! Leiten Sie bitte ein nettes Rückzugsgefecht ein!)

Auch in bezug auf die Kleidung ergeben sich unzählige Ansprechmöglichkeiten:
„Du hast ja ein hübsches Kleid an!"
„Hi! (Spannungssteigernde Pause) Alle Verkäuferinnen, die ich heute getroffen habe, tragen ein Blue-System-Oberteil. Gibt es da ein geheimes Abkommen, nach dem ihr alle nur Blue System tragen dürft?"
Haben Sie das untrügliche Gefühl, daß Ihr Gegenüber kein schüchternes Spatzenkind, sondern eher eine freche, supercoole Frau ist, die sich mit provozierender Kleidung auf Männerfang befindet, dürfen Sie ruhig einen Gang hochschalten. Lässig, wie sie ist, wird sie bei Interesse mit Sicherheit im Gespräch bleiben:
„Hi, du hast ja ein Loch im Top!" Sie: „Das ist kein Loch, das ist ein Ausschnitt!"

Rückenfreies Kleid: „Hi! Du hast dein Kleid verkehrt herum an!"
„Wow! Heißer Bikini!"
Ob „Sag mal, wenn man so rumläuft wie du, will man dann eigentlich gefickt werden?" eine gute Idee ist, das testen Sie – auf eigene Gefahr, versteht sich – am besten selbst aus!

Fällt Ihnen weder situations- noch personenbezogen etwas Originelles ein, können Sie immer noch auf die sogenannten Standardsprüche zurückgreifen, denen zwar möglicherweise das Klischee einer phantasielos-vorgestanzt-lahmen Anmache anhaftet, die dafür aber universal verwendbar sind. Es hat eben auf der Welt alles seine Vor- und Nachteile!
„Bist du öfter hier?" oder „Ganz schön was los hier, was meinst du?" bilden mit Sicherheit die Klassiker auf dem Gebiet des Ansprechens. Genauso gern und häufig wird das „Geheimnis von zweierlei Ort" strapaziert: „Hi, kennen wir uns nicht irgendwoher?" bzw. „Hallo, dich kenn ich doch aus dem Night Flight!?" Falls Sie sich wirklich schon anderswo ein Lächeln geschenkt haben, können Sie auch mit dem Satz: „Hallo, so trifft man sich wieder!" anrollen. Ist dem nicht so, lösen derartige Sprüche allerdings Befremden aus.
Ebenso haben sich ein einfaches „Hallo!" oder ein „Äh – Hi!" auf das höchste bewährt. Damit zeigen Sie ihr, daß Sie genauso schüchtern sind wie sie. Das verbindet! Gehört sie zu der Sorte Frau, die das Selbstbewußtsein mit Löffeln gefressen hat, wird sie denken, daß Sie von ihrer Schönheit derart überwältigt sind, daß das alles ist, was Sie herausbringen. Sie wird daher Ihre tastende Gesprächseröffnung bestimmt in jedem Falle ganz süß und lieb finden. Garantiert besser, als wenn Sie sie mit einem dreiminütigen Eröffnungssatz zutexten.
Eine Spur origineller sind Sprüche wie: „Hi! Bist du nicht die kleine Schwester von Cindy Crawford?" oder: „Was macht denn ein tolles Mädchen wie du in einer so lausigen Umgebung?" Dieser Spruch kommt am besten in einem Schicki-Micki-Tempel an ...

Am direktesten sind die sogenannten „Absichtserklärungen". Hier wird der Wunsch, den anderen kennenzulernen, mehr oder weniger unverblümt geäußert:
„Hallo, dich trifft man ja auf jeder Party. Jetzt wird es Zeit, daß ich dich mal kennenlerne!" – „Hi, wer bist du denn?" – „Hi, jetzt weiß ich gar nicht, was ich sagen soll ... Ich finde dich sympathisch und würde dich gerne kennenlernen." Oder: „Hallo, darf ich dich fragen, wie du heißt?"
Damit beweisen Sie zwar Mut und entwaffnende Ehrlichkeit, dennoch zeigt die Praxis, daß Sie, insbesondere dann, wenn Sie Ihren Angriff nonverbal nicht entsprechend vorbereiten, mit Sicherheit Ausfallquoten zu verzeichnen haben, die denen an der Ostfront im Jahre 1945 durchaus nahekommen.
Ich kenne allerdings auch Frauen, die auf eine derartige Anmache ohne vorherigen Blickkontakt (kombiniert mit Hüftgriff!) einsteigen, obwohl sie einen Freund haben. Na ja, es gibt eben auch flexible Frauen! Deshalb: Nur Mut, meine Herren, manchen kann man gar nicht so plump kommen, wie sie es eigentlich brauchen!
Allerdings ist die Chance, im Zuge einer derartigen Aktion eine gescheuert zu bekommen, signifikant hoch. Eine Frau mit Stil läßt sich nämlich keineswegs ungestraft betatschen, da können Sie ein noch so sympathisches Kerlchen sein!

Generell gilt: Bringen Sie lieber einen blöden Spruch als gar keinen. Kein Ansprechen, kein Flirt, kein Flirt, kein Fi.. – ich meine natürlich keine Liebe! (Sorry! Doch alle 20 Seiten ist man eben auch einfach strukturierten Gemütern eine kleine Freude schuldig!) So einfach ist das! Erst in zweiter Linie gilt: Je besser der Spruch, desto besser für Sie!
Beim Ansprechen wird man Ihre Worte keineswegs auf die Goldwaage legen. Eine Frau, die ebenfalls auf der Suche ist, wird froh sein, wenn Sie es überhaupt tun, egal, wie Sie es anstellen, mit ihr ins Gespräch zu kommen. Alle anderen müssen eben damit leben, schließlich geht es um Ihr Glück!

Mit etwas Übung lassen sich die dämlichen Sprüche, denen wir uns im Folgenden widmen wollen, sicherlich ebenso vermeiden wie die sich daraus möglicherweise ergebenden peinlichen Situationen.

Zunächst ist da der Irrglaube, um bei Frauen zu landen, müsse man Reißer wie John Wayne auf dem Kasten haben. Je cooler, desto besser. Unumstößliche Tatsache ist jedoch, daß Sie sich mit Sprüchen aus Hollywood eher lächerlich denn beliebt machen. Frauen wollen individuell bebalzt werden und keiner billigen Masche zum Opfer fallen! Aus diesem Grunde sollten Sie sich keineswegs auf ein Repertoire abgedroschener Phrasen und vorgekauter Floskeln, die Sie auswendig gelernt haben, verlassen. Vielmehr gilt es, sich selbst ins Rennen zu schicken. Seien Sie spontan und improvisieren Sie! Verzichten Sie bewußt darauf, irgendein dämliches Machogetue zu imitieren, irgendwelche Stars nachzuäffen oder sich hinter Sprüchen zu verschanzen die nicht von Ihnen stammen. Entwickeln Sie Ihren persönlichen Flirtstil! Alles andere wirkt gezwungen und aufgesetzt. Außerdem kann es Ihnen dann nicht passieren, daß Sie bei Ihrem Eröffnungssatz, gleich einem Schauspieler, der seinen Text vergessen hat, hängen bleiben und ins Stottern geraten.

Nicht wesentlich besser ist es, wenn Sie eine Frau zu kaufen versuchen, indem Sie sie auf einen Drink oder gar zum Essen einladen. Viele Frauen lassen sich aus Prinzip nicht auf derartige Angebote ein, um keine einseitigen Schuldverhältnisse zu begründen. Schon allein deshalb zählt „Ey, willst du 'nen Drink?" nicht zu den besten Gesprächseröffnungen.
Zudem sind die meisten, die sich sofort einladen lassen, diese Investition sowieso nicht wert. Ich kenne Schlampen, die, nachdem sie sich den ganzen Abend über freihalten ließen, meinen: „Also tschüß und vielen Dank! Jetzt muß ich wieder zu meinem Freund zurück!" Sparen Sie sich Ihren Kies, eine gute Unterhaltung können Sie auch führen ohne gleich anfangs die Brieftasche zu öffnen! Wir merken uns daher: Die goldene Regel „Erst baggern, dann schottern!" gilt nicht nur im Tiefbau.

Sehr zum Leidwesen vieler Frauen gibt es Männer, bei denen das Gehirn allem Anschein nach im Schwanz beheimatet ist. Gehören Sie dieser Kategorie an, sollten Sie sich eines gesagt sein lassen: Man schläft nur mit einer Frau, die man wirklich liebt, und dieses Verlieben dauert seine Zeit! Daher tun Sie sich in aller Regel bestimmt keinen Gefallen, indem Sie einer Frau mit Sätzen wie „Hallo, nimmst du die Pille?" – „Wollt ihr Babies 'nen flotten Dreier schieben?" oder „Na, wie wär's denn mit uns beiden?" zu nahe treten.

Ebenso verabscheuungswürdig ist es, wenn Sie sich im Gedränge einer Diskothek ganz „unauffällig" an ihren Rücken lehnen oder sich auf der Tanzfläche von hinten an ihr festsaugen. Dergleichen grenzt schon an sexuelle Belästigung! Manche haben jedoch anscheinend vor lauter Brunftstreß vergessen, daß sie ein Mann und kein ekelhafter Saugnapf sind! Ich erwarte von Ihnen, daß Sie nicht zu jenen traurigen Hanswursten zählen, die so etwas nötig haben. Falls doch, so lassen Sie sich bloß nicht von meinem Freund „Genickschuß-Karl" erwischen!

So sehr Höflichkeit und Zurückhaltung auch angesagt sind, vermeiden Sie bitte, den distinguiert-honorigen alten Trottel hervorzukehren, indem Sie mit Sätzen wie: „Entschuldigen Sie, ich bin so frei, Sie einfach anzusprechen – schönes Wetter heute!" oder: „Ist es vielleicht gestattet, Sie anzusprechen?" angeschissen kommen. Geraten Sie da mal an die Richtige! Sie wird sich biegen vor Lachen!

Ferner sollten Sie das Gespräch auch nicht mit Sätzen eröffnen, die völlig ohne jeden Bezug aus den Wolken fallen: „Wußten Sie, daß ein Tropfen Öl soundsoviel Liter Grundwasser verseuchen kann?" oder: „Wissen Sie, daß heute der 220. Todestag von Gotthold Ephraim Lessing ist?" Machen Sie statt dessen lieber ein Gesprächsangebot, auf das man einsteigen kann. Alles andere wird Ihr Gegenüber lediglich befremden.

Ebenso wenig empfiehlt es sich, ein blödsinniges Theater aufzuführen, in welchem Sie auch ihr eine Rolle zugedacht haben: „Hallo, du, ich hab' hier gerade eine Kontaktlinse verloren. Bist du bitte so nett und hilfst mir suchen?" Mal ehrlich: Welche Frau hat schon Bock darauf, mit jemandem, den sie überhaupt nicht kennt, auf allen vieren durch die Fußgängerzone zu krabbeln? Nicht minder dämlich ist folgende Inszenierung: „Hallo, darf ich dich mal kurz küssen, ich möchte meine Exfreundin eifersüchtig machen!" Bei derartigen Aktionen spielen, dessen können Sie sicher sein, nur die wenigsten Frauen mit. Falls doch, so hätten Sie dies garantiert auf andere Weise auch geschafft.

So Sie ein Faible für Kamikaze-Angriffe haben, können Sie es ja auch mal mit „Hallo, ich bin der Peter." probieren. Das reizt förmlich zu einem „Na und?". Fehlt nur noch, daß Sie jetzt anfügen: „Ist dir auch so langweilig wie mir?" Manche Leute haben eben ein todsicheres Gespür wenn es darum geht, Widerworte und Ablehnung regelrecht herauszufordern ...

Zu den dümmsten Fehlern gehört es, eine Frau anzuhimmeln: „Hallo, schöne Frau! Du bist aber hübsch! Strahlend blaue Augen, Rosenmund, Aprikosenhaut ... schwärm, schwall, lall, ... Wasserfall ..." Nicht nur, daß Sie sich damit völlig uninteressant machen. Frauen wollen keinen Schleimer, keinen zu ihnen aufsehenden Bewunderer, zumindest nicht als Partner! Außerdem sprechen in der Empirie gewonnene Erkenntnisse dafür, daß der Satz: „Lege einer Frau dein Herz zu Füßen, und du kannst sicher sein, sie wird es als Fußabtreter benutzen." durchaus seine Berechtigung hat. Tja, so schlecht ist die Menschheit!

„Ich liebe dich!" Dieser Eröffnungssatz ist eine glatte Sechs. Damit attestieren Sie sich nur eines: daß Sie von wirklicher Liebe Null Ahnung haben! So ein Weibchen in Ihnen, ohne überhaupt den Mund geöffnet zu haben, bereits den brennenden Wunsch nach einer geschlechtlichen Vereinigung auslöst, sollten Sie ehrlicherweise auch: „Mit dir würde ich gerne mal eine heiße Nacht buchen!" und nicht „Ich liebe dich!" sagen. Alles, was Sie nämlich außer ihrem Körper zu lieben glauben, ist reine Projektion.

Hat sie Ihnen bereits durch frivole Blicke zu verstehen gegeben, an einem unkomplizierten Fick interessiert zu sein, so verschrecken Sie sie bitte nicht mit Ihrer „Liebe"! Sie sehen also: Dieser Spruch ist in jeder Situation ein Eigentor!

Die Masse der in diesem Abschnitt aufgeführten Beispiele einer primitiv-billigen Anmache finden Sie auch in Hans Söllners wunderbarem Lied vom „Alpha Spider" auf geniale Weise zu einer geballten Ladung verdichtet: *„Hey, sagt er, ich liebe dich, willst du mit mir fahren? Nein sagt sie, ich steh nicht auf dein zsammagrostn Karren. Hey, sagt er, ich zahl dir auch ein Eis und ein Glas Bier, und wannst Lust hast, gemma no a halbe Stund zu mir ..."* (Frei übersetzte Saupreißn-Version)

So Sie derart depperte Sprüche vom Stapel lassen, wird der Lorbeer des Sieges Ihr Haupt nur in ganz seltenen Ausnahmefällen krönen! Ferner setzen Sie sich dem Verdacht aus, ein komplett verblödeter, dämlicher Volltrottel zu sein ...

4.4. Kampf durch die Tiefe: Gesprächstaktiken

Nachdem es Ihnen gelungen ist, das Gespräch zu eröffnen, gilt es dieses aufrechtzuerhalten, was, wie der Klage eines frustrierten Flirtazubis zu entnehmen, gar nicht so einfach zu sein scheint: „Immer, wenn ich eine Frau kennengelernt habe, weiß ich schon nach wenigen Sätzen nicht mehr, was ich sagen soll. Mein Kopf ist leer, und es ist, als würde in meinem Hals ein dicker Kloß stecken. Dieses peinliche Schweigen! Diese Totenstille, in der man eine Ameise trippeln und vor allem mich schlucken hört! Fieberhaft suche ich nach einem interessanten Gesprächsthema, fasele jedoch meist nur dummes, oberflächliches Zeug. Alles, was ich von mir gebe, wirkt gezwungen und daher wenig überzeugend. Das Gespräch ist unwiderruflich an einem toten Punkt angelangt."

Nun ja, einen guten Flirt zu inszenieren, gleicht dem Entfachen eines Feuers. Auf daß die anfänglich kleine Flamme zur wabernden Lohe wachse, heißt es zur rechten Zeit den rechten Brennstoff hinzufügen! Ist der Brand entfacht, gilt es keineswegs müßig zu ruhn, sondern ihn zu schüren. Wer dies versäumt, dem wird er unweigerlich erlöschen – Nicht leicht erringt sich Loges Gunst, doch lehr ich euch die Kunst!

Welchen Eindruck Sie bei Ihrer Flirtpartnerin hinterlassen, hängt in einer ganz entscheidenden Weise von Ihren kommunikativen Fähigkeiten ab. Es empfiehlt sich daher unbedingt, diese auszubauen! Eine glänzende Unterhaltung zu führen, ein ebenso geschätzter wie interessanter Gesprächspartner, in dessen Gesellschaft man sich gerne begibt, zu sein – das alles läßt sich erlernen!

Wenn Sie jetzt allerdings erwarten, daß ich Ihnen eine Reihe brandheißer Zauberthemen, die man jederzeit ausgiebig diskutieren kann, an die Hand gebe, muß ich Sie leider enttäuschen. Die gibt es nämlich nicht. Nichtsdestotrotz existieren einige Taktiken, mit deren Unterstützung Sie jeden Flirt erfolgreich zu meistern in der Lage sein werden.

Grundsätzlich ist anzumerken, daß zum Flirten immer zwei Personen gehören. Keine Angst also, Sie sind nicht alleine, auch wenn Ihnen dies manchmal so scheint! Ein guter Flirt zeichnet sich nämlich dadurch aus, daß beide Seiten in gleicher Weise zum Gespräch beitragen. Nur so kann entstehen, was man eine angeregte Unterhaltung nennt. Wie die folgenden Ausführungen zeigen, lassen sich angeregte Unterhaltungen durch entsprechend geschicktes Verhalten ebenso mühelos initiieren, wie sie sich durch taktisch unkluges Verhalten verhindern lassen!

Ein Flirt ähnelt einem Frisbeespiel, bei welchem es darauf ankommt, daß die Scheibe hin- und hergegeben wird. Dieses Spiel zeichnet sich dadurch aus, daß es nicht gegeneinander, sondern miteinander gespielt wird. Folglich gibt es auch keine Verlierer, sondern ausschließlich Sieger, solange ein Spiel zusammenkommt. Ist die Scheibe einmal ins Gebüsch geflogen, so stellt dies noch lange keinen Beinbruch dar. Es besteht ja die Möglichkeit, sie wieder herauszuholen und neu ins Spiel zu bringen. Allerdings gibt es, wie Sie vielleicht aus eigener Erfahrung wissen, auch Menschen, mit denen dieses Spiel auf Dauer einfach keinen Spaß bereitet. Sei es, weil sie einfach nicht die richtige Wurftechnik heraushaben und die Scheibe grundsätzlich irgendwo abstürzt, anstatt ins Schweben zu geraten, oder weil sie permanent zu kurz oder viel zu weit werfen. Ebenso existieren auch „Flirtspastiker" und „Soziallegastheniker", welche keine Gelegenheit ungenutzt lassen, durch ihr dämliches Verhalten gewissenhaft dafür zu sorgen, daß dem anderen die Lust an einer Konversation schon nach wenigen Minuten vergeht.

Dazu zählen in jedem Falle all die Einsilbigen und Wortkargen, denen man jedes Wort einzeln aus der Nase ziehen muß. Die auf Fragen lediglich mit „ja" oder „nein" beziehungsweise mit der Gegenfrage „Wieso?", dafür aber mit Unmengen von peinlicher Schweigsamkeit zu antworten in der Lage sind.

Ihre Zurückhaltung, dessen können Sie gewiß sein, wird Ihnen grundsätzlich als Desinteresse am Gesprächspartner ausgelegt, auch wenn dem in Wirklichkeit vielleicht gar nicht so ist. Viele Freunde werden Sie damit nicht gewinnen, und vermutlich wird sich auch kein Mensch darum reißen, mit Ihnen auszugehen. Wer hat schon

Lust, den ganzen Abend über ein todkrankes Gespräch assistierend zu beatmen? Ich nicht, da kann die Frau noch so hübsch sein!

Als nicht minder unangenehmer Zeitgenosse wird empfunden, wer seine Gesprächspartner grundsätzlich durch endlos lange Monologe in narkoseähnliche Zustände zu versetzen droht. Wir alle kennen jene Typen, die ein Gespräch vorwiegend deshalb beginnen, weil sie sich selbst gerne reden hören, und anscheinend erwarten, daß all das, was sie zu berichten wissen, bei ihren Zuhörern wahre Stürme der Begeisterung auslöst.

Falls Sie beispielsweise auf Partys das Gespräch des öfteren mit Sätzen wie: „Na, was sagen Sie denn zu diesem Drink? Nicht schlecht, oder? Wissen Sie, ich mixe ja selbst auch leidenschaftlich gerne Drinks, und finde, hier fehlt zwar noch ein kleiner Schuß Zitrone, ansonsten ist das Ergebnis jedoch ganz passabel. Der Bloody Mary allerdings schmeckt hier etwas zu sehr nach ..." eröffnen, gehören Sie zweifelsohne der besagten Gruppe Mensch an. Eine derart zugetextete Frau hegt, dessen können Sie gewiß sein, nur den einen Gedanken: „Schnell weg von hier! Soll der tolle Mhiskywixer doch alleine weiter wixen!"

Ähnlich nervtötend sind all diejenigen, welche sich das Stichwort für ihren Psalm nicht selbst geben, sondern uns zum Stichwortgeber machen. Kaum haben wir beispielsweise das Thema Urlaub angesprochen, ist die Lawine auch schon losgetreten, und eine abendfüllende Suada aufregendster Urlaubserzählungen, neben welchen die Erlebnisse eines Kara Ben Nemsi kläglich erscheinen, nimmt ihren Lauf. („War das jetzt in Bibione oder in Riccione, wo uns der Fotoapparat geklaut wurde?")

In höchstem Maße unsympathisch erscheinen uns insbesondere jene Wichtigtuer, die immer und überall wortreich zu beweisen suchen, was für ein toller Hecht sie sind. Ein Flirt, das sollten Sie nie vergessen, stellt weder ein Forum zu Ihrer Selbstbeweihräucherung noch ein Bewerbungsgespräch dar, in welchem Sie mit Ihren Fähigkeiten prunken müssen. Es ist daher, um dem Flirtpartner zu imponieren, auch keine lückenlose Darstellung Ihrer Taten und Verdienste erforderlich, im Gegenteil. Wer so etwas nötig hat, zeichnet sich eher als armes Licht aus. Daß Sie sich mit Hochstapelei und großkotzigem Getue erst recht keine Freunde schaffen, brauche ich wohl nicht eigens zu erwähnen.

Seien Sie daher bescheiden in Ihren Worten, nicht jedoch in Ihren Taten! In bezug auf Ihre Taten hat der alte Spruch: „Bescheidenheit ist eine Zier, doch weiter kommt man ohne ihr!" nämlich durchaus seine Berechtigung. Oder, wie Guderian so schön zu sagen pflegte: „Klotzen, nicht kleckern!"

Für Ihren Flirtpartner ist es mit Sicherheit wesentlich interessanter und weitaus spannender, erst nach und nach herauszufinden, was Sie so alles auf dem Kasten haben. Außerdem zeugt es von einer schlechten Dramaturgie, gleich anfangs eine Bombe platzen zu lassen, deren Wirkung schnell verpufft, ohne daß Sie danach noch viel zu bieten hätten. Schon allein deshalb sind Sie, auch wenn Sie in Wirklichkeit ein ganz Toller sind oder dies zumindest glauben, mit etwas Zurückhaltung nie schlecht beraten. „Mehr Sein als Schein" ist angesichts dieser Tatsache sicherlich kein schlechtes Motto. Das soll allerdings keineswegs als Aufforderung, Ihr Licht unter den Scheffel zu stellen oder Ihre Talente zu verbergen, mißverstanden werden! Ebenso unangebracht ist es jedoch damit hausieren zu gehen!

Ferner sollten Sie nicht zu denjenigen gehören, die ständig alles besser wissen. Keinem Gesprächspartner wird es imponieren, von Ihnen belehrt zu werden, und wenn Sie hundertmal im Recht sind! Dies gilt es zu bedenken, bevor Sie das nächste Mal damit beginnen, jemandem, womöglich noch vor den Augen der Welt, seinen Irrtum zu beweisen. Auf diese Weise schaffen Sie sich keine Freunde und auch keine Freundinnen! Es tut mit Sicherheit keinem weh, wenn Sie einen noch so offensichtlichen Irrtum unberichtigt lassen und nicht zu jedem Thema einen abweichenden Standpunkt vertreten, den Sie selbstverständlich schlau zu begründen wissen. Warum also die Eitelkeit der anderen unnötig verletzen, indem man ihnen widerspricht? Um der Wahrheit willen? Um zu zeigen, daß Sie auf alles eine Antwort wissen? Nur Ignoranten wähnen sich im Besitze allen Wissens dieser Welt, selbst der dümmste Wicht hat mit Sicherheit etwas, das er besser weiß als Sie. Gedenken Sie dieser Worte, so Sie verhindern

wollen, daß es von Ihnen heißt: *„Vor Klugheit bläht sich zum Platzen der Blöde!"* (Richard Wagner, Das Rheingold)
Wer dennoch das dringende Bedürfnis verspürt, anderen eine Kassette reinzudrücken oder einen Knopf ans Ohr zu nähen, sollte vielleicht einmal darüber nachdenken, ob er nicht eine Karriere als Wanderprediger, Missionar oder Prophet starten will. Beim Flirten ist Ihnen damit jedoch in aller Regel kein Erfolg beschieden!

Den sympathischsten Eindruck hinterlassen Sie zweifelsohne wie so oft im Leben dann, wenn Sie sich für den goldenen Mittelweg zwischen den Extremen entscheiden. Geben Sie sich also keinesfalls verschlossen und wortkarg, sondern aufgeschlossen und kommunikationsfreudig, aber lassen Sie auch den anderen zu Wort kommen, anstelle ihn pausenlos mit Dingen vollzutexten, die für Sie vielleicht wahnsinnig aufregend sein mögen, ihn jedoch ebenso wenig interessieren, wie wenn in der Arktis ein Eisbär furzt. Keine Angst, Sie müssen kein Hellseher sein, um herauszufinden, für welche Themen sich Ihr Flirtpartner mehr und für welche er sich wohl eher weniger interessiert. Sie merken dies, etwas Feingefühl vorausgesetzt, nämlich in aller Regel sofort an dessen Anteilnahme am Gespräch. Als Flirtprofi gehört es zu Ihrem Auftrag, das Gespräch auf solche Themen zu lenken, die Ihr Spatzenkind nicht langweilen. Ermöglichen Sie ihr unbedingt, sich ins Gespräch einzubringen! Wie dies im einzelnen zu bewerkstelligen ist, davon später mehr.

Als wichtig eracht' ich vor allem, daß Sie dem Gespräch eine persönliche Färbung geben. Wer ständig alles von einer höheren Ebene aus diskutiert und betrachtet, braucht sich überhaupt nicht zu wundern, wenn es ihm stets mißlingt, Zugang zu anderen Menschen zu finden. Beim Flirt geht es um Ich und Du. Schicken Sie daher Ihre Gefühle, Meinungen, Einstellungen und Erfahrungen, kurz gesagt, sich selbst, ins Rennen, anstatt pausenlos irgendwelche Phrasen und Theorien zu zitieren, die Sie irgendwann einmal gehört oder gelesen haben. Flirten heißt nicht, den Aalglatten zu spielen, der die Welt mit den Augen anderer sieht, sondern ein Stück von sich selbst offenbaren! Ersetzen Sie daher Sätze wie: „Sigmund Freud würde jetzt an

meiner Stelle sagen ..." oder: „Entsprechend der Dissonanztheorie von Festinger ..." durch: „Ich finde ...". Sich ständig hinter anderen verstecken zu müssen beziehungsweise ausschließlich über ganz allgemeine Dinge oder andere Menschen zu sprechen, hat viel mit Unsicherheit und mangelndem Selbstbewußtsein zu tun.
Geistig einige Etagen tiefer, jedoch nicht minder unpersönlich wirken Bemerkungen wie: „Da gibt's von Lokkosonic 'ne tolle Textzeile ...". Als besonders helles Köpfchen zeichnen Sie sich dann aus, wenn Sie das Gespräch auf irgendwelche Fernsehserien lenken. („Gestern bei den Simpsons ..."; „Neulich im Marienhof ..."; „Letzten Samstag bei Beverly Hills ..." usw.) Eine ähnlich blöde Verlegenheitslösung stellt das Erzählen von Witzen oder das Veranstalten dämlich-alberner Ratespielchen nach dem Motto: „Was ist das? Es hängt an der Wand, macht tick-tack, und wenn's runterfällt, ist die Uhr kaputt" dar. Traurig, wenn Sie sich sonst nichts zu sagen haben!

Höchst positiv verlaufen solche Gespräche, in deren Verlauf sich gemeinsame Ansichten, Interessen, Erfahrungen, Hobbys oder Werthaltungen herauskristallisieren. Nichts verbindet so sehr wie Gemeinsamkeiten, seien diese auch noch so blöd! Similia similibus solvuntur. – Gleiches löst sich in Gleichem, wie der Chemiker zu sagen pflegt. Wenn Sie also wollen, daß die Chemie zwischen Ihnen und Ihrem Flirtpartner stimmt, so suchen beziehungsweise begründen Sie Gemeinsamkeiten.
Es gibt in jedem Gespräch eine Unmenge von Situationen, in denen sich ein „Ich auch!", verbunden mit schwärmerischer Begeisterung für den entsprechenden Sachverhalt, die schlichtweg geheuchelt ist, anbringen läßt. Dies sollte allerdings nicht so weit gehen, ihr vorzugaukeln, ebenfalls ein leidenschaftlicher Reiter zu sein, wenn Sie in Wirklichkeit nicht wissen, wo bei einem Pferd vorne und hinten ist. Es hinterläßt mit Sicherheit keinen guten Eindruck, so Sie nach dem Aufsitzen zu einem gemeinsamen Ausritt zunächst einmal verkehrt herum auf dem Gaul hocken. „Ich wollte schon immer mal reiten lernen, bietest du auch Stunden an?" läßt sich hingegen auch dann behaupten, wenn es glatt gelogen ist.

In diesem Zusammenhang hat folgender Grundsatz eherne Gültigkeit: Breit gefächerte Interessen und Hobbys erhöhen das Potential für Gemeinsamkeiten und daraus resultierende gemeinsame Unternehmungen. Antriebsarme Langweiler und scheuklappentragende Fachidioten haben deshalb schlechte Karten!

Auf jeden Fall haben Sie dafür Sorge zu tragen, daß sich Ihre Gesprächspartnerin verstanden fühlt. Teilen Sie daher ihre Gefühle, ihre Ängste und ihre Sorgen! Finden Sie Spaß an dem, was ihr Spaß macht! Lachen Sie gemeinsam! Machen Sie mit bei dem, was sie will, und bremsen Sie nicht! („Gehen wir auf die Tanzfläche?" – „Stellen wir uns auf die Bierzeltbänke?")

Nehmen wir beispielsweise an, Sie merken, daß Ihr „Aufriß" förmlich nach Action dürstet. Wie sich in solch einem Falle verhalten, *„das ist hier die Frage!"* (Shakespeare, Hamlet). Als Bremser und Langweiler kommen Sie extrem uncool rüber. („Nein, dazu habe ich jetzt keine Lust!") Als williger Mitläufer, der sich von sämtlichen ihrer Schnapsideen leiten läßt, machen Sie nicht nur auf sich selbst einen erbärmlich unmännlichen Eindruck. („Ja, wenn du willst!" – „Ich mach', was du willst.") Wünschen Sie sich vielleicht eine Frau, die nur deshalb mit Ihnen schläft, weil Sie wollen? Wohl kaum!

Am besten werden Sie sich mit Sicherheit dann verstehen, wenn Sie mit ihr gleichziehen und, obwohl Sie überhaupt nicht in Stimmung sind, die Flucht nach vorne antreten. („Kreisch, auf zur House-Runde!" – „Super Idee, ich will auch eine Schoko-Banane!") Befohlenes Fröhlichsein ist angesagt, meine Herren! Machen Sie Party und zeigen Sie, daß man mit Ihnen jede Menge Spaß haben kann ...

Grundsätzlich gilt: Spiegeln Sie ihre Stimmung wider! Sie werden sich wundern, wie schnell durch derartige Maßnahmen eine Art „Seelenverbundenheit" entsteht! Glauben Sie mir, mit etwas Übung und gutem Willen läßt sich Ihr eigenwilliger kleiner Körper in jede beliebige Stimmung versetzen.

Möglicherweise interessiert es Sie einen Scheiß, daß ausgerechnet heute ihr Meerschweinchen verreckt ist. Trotzdem ist in solch einer Situation etwas Anteilnahme nie verkehrt. Seien Sie daher sensibel und zeigen Sie Verständnis für ihre Traurigkeit, auch dann, wenn Ihnen in Wirklichkeit mehr nach Party zumute ist. Es ist weitaus geschickter, sie zu trösten und sich an Ihrer Schulter ausheulen zu lassen, als ihre melancholische Stimmung zu ignorieren und sie mit blöden Späßen zu nerven. Stellen Sie sich vor, daß das kleine, putzige Wesen nun nicht mehr knabbernd im Käfig sitzt, das kleine Herzchen nicht mehr schlägt und die kleinen Knopfaugen für immer geschlossen sind – schnief!

Gemeinsamkeiten lassen sich, vom Inhalt des Gesagten mal ganz abgesehen, allein schon durch die Art des Sprechens schaffen. Gelingt es Ihnen, sich in Satzbau, Wortwahl, Dialekt, Sprachgeschwindigkeit und Lautstärke weitgehend dem Gesprächspartner anzupassen, so ist dies sicherlich von Vorteil. Wie Sie sich unschwer vorstellen können, trägt es nicht gerade zu einer ungezwungenen Unterhaltung bei, wenn Sie mit ausgefeilten, ellenlangen Satzgebilden, gespickt mit hochgestochenen Fremdwörtern, vorgetragen im reinsten Hochdeutsch, brillieren, während sie hingegen kurze, einfache Sätze bildet und Dialekt spricht. Wer nicht in der Lage ist, das Gesprächsniveau des anderen zu treffen, braucht sich überhaupt nicht zu wundern, wenn das ausbleibt, was man „sich wunderbar verstehen" nennt. Nehmen Sie sich daher den alten Ausspruch von Martin Luther *„Man muß den Leuten auf's Maul schauen!"* unbedingt zu Herzen!

So verbindend gemeinsame Ansichten und Interessen sind, so entzweiend wirken sich entgegengesetzte Meinungen und Werte aus. Wer ein Hobby, an welchem Ihr ganzes Herz hängt, eine Aufgabe, für die Sie Ihre gesamte Kraft aufwenden, als Spinnerei abtut, soll sich mitsamt seinen verschrobenen Ansichten zum Teufel scheren, nicht wahr? Meist kränkt es uns schon, wenn der andere gleichgültig zur Kenntnis nimmt, was uns in höchste Begeisterung versetzt. Daran sollten Sie denken, wenn Ihnen Ihre nächste Flirtpartnerin beispielsweise erzählt, daß sie Deutsche Meisterin im Rock'n'Roll ist. In solch einem Falle kann ich nur empfehlen: *„Ehrt Eure deutschen Meister, dann bannt Ihr gute Geister!"* (Richard Wagner, Die Meistersinger von Nürnberg) Aufrichtige Bewunderung zollen lautet das Gebot der Stunde!

Wer in der Kennenlernphase bestrebt ist, Gemeinsamkeiten zu suchen, anstatt Gegensätze zu finden, tut klug daran, nicht an derart brisante Themen wie Glaube, Politik und Weltanschauung zu rühren. Bei jener Thematik werden Sie sich mit Sicherheit niemals einig, wahrscheinlich nicht einmal mit sich selbst. Und letzten Endes wird davon, daß Sie mit Ihrem Flirtpartner weltanschaulich die Klingen kreuzen, diese bucklige Welt auch nicht besser. Besser, Sie lassen es also!

Obwohl nichts so sehr verbindet wie gemeinsame Abneigungen, gibt es zahlreiche Gründe, die Sie davon abhalten sollten, pausenlos über alles und jeden abzulästern. Zum einen zeugt es nicht gerade von einem ausgeglichenen Charakter, ständig über andere herziehen zu müssen. Außerdem setzen sich alte Lästermäuler stets dem nicht ganz unberechtigten Verdacht aus, morgen schon über diejenigen zu lästern, mit welchen sie heute noch über andere lästern. Fette Minuspunkte sammeln Sie insbesondere dann, wenn Sie über Ihre Ex-Freundinnen schimpfen und ablästern. Eines können Sie sich in diesem Zusammenhang merken: Über eine Frau, die man einst ganz fest lieb hatte, sollte man – unabhängig davon, wie die Sache endete – nie etwas kommen lassen. Die „Schuld" am Scheitern einer Beziehung tragen nämlich immer beide Partner. Nur charakterschwache Menschen suchen die Fehler stets beim anderen und werden dadurch niemals reifer!

Zum anderen besteht bei Lästereien immer die Gefahr, in irgendwelche Fettnäpfchen zu steigen. Woher in aller Welt wollen Sie nämlich wissen, ob Ihr Gesprächspartner im fraglichen Punkt in Wirklichkeit nicht vielleicht doch anderer Meinung ist?

Da wir gerade beim Thema Fettnäpfchen sind: Ein ganzes Tablett von Fettnäpfchen wird, eigens für Sie, in dem Moment bereitgestellt, wo sie Ihnen ihren Namen nennt. Nun wollen wir doch mal sehen, wie viele davon Sie bei jedem Flirt mit traumwandlerischer Sicherheit treffen ...

Als wahrer Held mit einem bestechenden Blick für das Wesentliche und ungeheuerem Grips zeichnen Sie sich grundsätzlich dann aus, wenn Sie ihren Namen vergessen. „Der lieblos-oberflächliche Kerl ist

doch glatt zu blöd, um sich meinen Namen zu merken!" Hundert Punkte auf der nach oben offenen Haas-Skala für geistige Meisterleistungen! Um jener peinlichen Situation zu entgehen, sollten Sie gefälligst die Ohren spitzen, wenn sie sich vorstellt. Ferner ist es nicht verkehrt, ihr daraufhin die Hand zu geben und zu sagen: „Hallo Sandra (oder weiß-der-Geier-wie)" Damit vergewissern Sie sich einerseits, ihren Namen richtig verstanden zu haben, üben gegebenenfalls die richtige Aussprache und prägen ihn sich zum anderen besser ein. Besonders dann, wenn Sie ein lausig schlechtes Namensgedächtnis haben oder die Anzahl Ihrer Frauenbekanntschaften regelrecht explodiert, empfiehlt es sich, sie im Gespräch immer wieder beim Namen zu nennen, um sich diesen unauslöschbar und vor allem unverwechselbar einzuprägen. Sie wissen ja: Repetitio est mater studiorum! Glauben Sie mir: Nichts ist schlimmer, als wenn Sie zu Sandra Sabine sagen. Dann sind Sie nämlich Sandra los ...
Außerdem sollten Sie den Namen benutzen, der Ihnen genannt wird. Nennt sich beispielsweise eine Susanne Sanne, eine Eva Evi, eine Cornelia Conny, eine Gabriele Gabi, so haben Sie das am besten ohne dummes Herumfragen anzunehmen. Sie können sicher sein, daß sich dabei alle etwas gedacht haben! Ich kenne Gabis, die Ihnen ins Gesicht springen, wenn Sie Gabriele genannt werden, und zudem keine Lust verspüren, sich in langen Erklärungen darüber zu ergehen, warum ihnen der Name Gabriele so hassenswert scheint.
Nichts kränkt einen Menschen so sehr, wie wenn Sie sich über seinen Namen lustig machen oder es Ihnen beim Nennen desselben nur schwerlich gelingt, ein dreckiges Grinsen zu unterdrücken. Viele Menschen, die schon von klein auf wegen ihres Namens gehänselt wurden, reagieren in diesem Punkt nämlich äußerst sensibel. Dies gilt es zu bedenken, wenn Sie das nächste Mal einer Yvette Wimschneider, einer Tamara Notdurft, einer Kreszenzia Hasenköttel oder einer Claire Grube begegnen, sonst haben Sie schon von vorneherein verschissen, auch dann, wenn Sie es gar nicht so gemeint haben.
Nehmen Sie sich statt dessen lieber ein Beispiel an meiner Freundin Dagmar, die, nachdem ich mich vorgestellt hatte, meinte: „Schöner Name, wenn ich ein Junge geworden wäre, hätten mich meine Eltern

auch so genannt." Dies ist nach wie vor eines der schönsten Komplimente, das mir eine Frau zu Beginn eines Gespräches je gemacht hat.

Zwei wichtige Zutaten sollten Sie als Flirtprofi bei keinem Gespräch fehlen lassen: nette Komplimente und aufrichtige Anerkennung. Beide gehören dazu wie das Salz in die Suppe. Allerdings sei vor einem inflationären Masseneinsatz gewarnt! Pausenlose Schleimerei ist nämlich in aller Regel meist ebenso ungenießbar wie eine versalzene Suppe! Wer einer Frau ständig schöntut, macht sich nicht nur uninteressant und hinterläßt einen unmännlichen Eindruck, sondern mindert zugleich auch die Aussagekraft seiner Worte. Vom „alten Schmeichler" zur „lästigen Nervensäge" ist es meist nur ein kleiner Schritt! Tragen Sie daher nicht ständig zu dick auf, werden Sie nicht zum unglaubwürdigen Dauerbewunderer und machen Sie keine falschen Komplimente, zumal Frauen meist sofort merken, ob etwas von Herzen kommt oder nicht.

In jedem Gespräch bieten sich unzählige Möglichkeiten, gezielt jene aufrichtig anerkennenden Worte einfließen zu lassen, nach denen wir alle so sehr dürsten. Wer feine Antennen besitzt, wird schnell bemerken, daß manche Gesprächspartner Lob und Bewunderung direkt herausfordern. Jemand, der Ihnen erzählt, daß ein Numerus Clausus in einem bestimmten Studienfach für ihn kein Hindernis darstellt, will mit Sicherheit nach seinem Abiturschnitt gefragt und anschließend kräftig bewundert werden. Seien Sie doch so nett und tun Sie ihm den Gefallen! Was eine Frau, die Ihnen vorjammert: „Eigentlich sollte ich wegen meiner Figur gar keine Schokolade essen ...", obwohl sie gertenschlank ist, hören will, werden Sie ja wohl selbst unschwer herausfinden können. Erzählt sie Ihnen beispielsweise, viermal in der Woche im Fitneß-Studio zu trainieren, gewinnen Sie mit dem Satz: „Das sieht man deiner tollen Figur auch an!" in jedem Fall Sympathie.

So sehr Sie mittels geschickter Komplimente in der Gunst Ihres Flirtpartners emporklettern, genauso können Sie durch ungeschickte Äußerungen in gähnende Abgründe fallen. Äußerst unpassend sind insbesondere jene Bemerkungen, welche dem Gesprächspartner einen schlechten Charakter unterstellen. (Z.B.: „Das kotzt dich bestimmt an, die alte Oma pflegen zu müssen, oder?" – „Taugen dir dort die Leute nicht?" usw.) Besonders kränkend ist es, wenn Ihre Äußerungen durchblicken lassen, daß Sie die Leistungsfähigkeit des anderen völlig unterschätzen. (Z.B.: „Was? Du bist bei der Bereitschaftspolizei?" oder: „Man sieht dir gar nicht an, daß du so sportlich bist.") Wen kotzen sie nicht an, diese überheblichen Arschlöcher, die einem nichts zutrauen? Ebenso unangenehm ist es allerdings, wenn Sie zu hohe Ansprüche an Ihren Flirtpartner stellen. („Du hast sicher Abitur, oder nicht?") Seien Sie daher etwas zurückhaltend mit Ihren allwissenden Vermutungen, besonders dann, wenn Sie von Ihrem Gegenüber in Wirklichkeit einen Scheißdreck wissen. („Sieh mal, da kommt dich deine Oma abholen!" – „Danke! Das ist meine Mutter!")

Sollten Sie trotz aller Vorsicht dennoch in ein Fettnäpfchen getreten sein, was ja durchaus mal passieren kann, so zeigen Sie wenigstens soviel Anstand, sich dafür zu entschuldigen. Sie müssen deshalb nicht gleich im Büßergewande barfuß nach Canossa wandern oder sich selbst erniedrigen, indem Sie vor ihr auf die Knie sinken. Berühren Sie statt dessen, während Sie ihr bittend in die Augen sehen, sanft ihren Oberarm und sagen: „Das tut mir schrecklich leid, ich hoffe, du nimmst meine Entschuldigung an!" So sie will, daß Sie ihren Oberarm irgendwann mal wieder loslassen, wird sie Ihnen mit Sicherheit schnell vergeben. Ziert sie sich etwas, ist dies als klares Zeichen, gerne von Ihnen berührt zu werden aufzufassen! In diesem Falle wird es Sie sicherlich höchste Überwindung kosten, beide Oberarme zu ergreifen, sie leicht zu schütteln und lächelnd „Bitte, bitte, bitte!" zu sagen.
Falls Sie es nicht bemerkt haben sollten: Wir befinden uns schon lange nicht mehr bei der Entschuldigung, sondern mitten in einem Brunftritual. Kommt nun von ihr ein neckisches: „Ich weiß nicht, ob ich so große Schuld jemals vergeben kann ...", ist der nächste Akt auch schon eingeläutet. Sie werden nun ihre Oberarme loslassen, sie bei der Hüfte nehmen und langsam an sich ziehen. „Karin, bitte – sei doch nicht so hartherzig." Je weiter sie nun ihren Oberkörper mit gespielter Abneigung nach hinten neigt, um so intensiver werden die

Berührungen der Geschlechtsteile. Um es kurz zu machen: Die nächsten Eskalationsstufen lauten Umarmung, Versöhnungsbussi („Na gut, ich verzeih' dir, aber nur, wenn ich ein kleines Bussi kriege!"), Zungenkuß, ... Cut! Der Rest findet nicht in der Öffentlichkeit statt!
Damit Sie auch den Anfang mitbekommen: Sie klaut ihm beispielsweise die Chipstüte oder beißt einfach von seinem Eis ab. Er: „Speiübel soll dir werden! Ersticken sollst du dran!" Sie: „Was? Ich soll ersticken! Mit dir rede ich kein Wort mehr!" ...
Wie Sie sehen, kann man sich oftmals auch mit einer absichtlich begangenen „Frechheit" völlig unverfänglich näherkommen! Allerdings nur dann, wenn Frau in besagter Weise mitspielt! Ansonsten heißt es sofort aussteigen! Ich hoffe nur, Sie können sich merken, was Sie zu tun haben, meine Damen! Sollten Sie, meine Herren, an derart komplizierten Spielchen keinen Gefallen finden, bleiben Sie ruhig bei: „Winnetou will dich jetzt küssen! Howgh!" Das ist zwar einfach, aber dennoch – geschmacklos.

Ein besonderes Augenmerk ist darauf zu legen, daß Sie nicht ständig an Ihrem Flirtpartner vorbeireden, sondern gewissenhaft auf ihn eingehen. Diese Fähigkeit läßt sich kaum besser unter Beweis stellen als durch aufmerksames Zuhören.
Schenken Sie dem Gesprächspartner Ihre ganze Aufmerksamkeit und bringen Sie ihm lebhaftes Interesse entgegen. Ermuntern Sie ihn durch interessierte Fragen, teilnahmsvolle Blicke und Gesten wie zustimmendes Kopfnicken, weiterzusprechen. Lassen Sie sich Dinge, welche Ihre Vorstellungskraft übersteigen, ausführlich erklären (und wenn es die Funktionsweise eines Zuckerrübenvollernters ist) oder bitten Sie um Rat. Dadurch geben Sie dem anderen das Gefühl, kompetent und wichtig zu sein, beziehungsweise zeigen ihm an, daß Sie seine Meinung schätzen. Wem würde dies wohl nicht schmeicheln?
Zwar ist es nicht gerade leicht, mit verbindlicher, teilnahmsvoller Miene anzuhören, was einen in keinster Weise interessiert, und doch setzen Sie sich dadurch mehr in die Gunst Ihres Gesprächspartners als durch das geschickteste Sprechen. Als glänzender Gesellschafter gelten Sie dann, wenn Sie Zuhören können wie Momo und bei passender Gelegenheit kurze, zum Weitersprechen anregende Bemer-

kungen in das Gespräch einfließen lassen. („Erzähl mal ausführlich!" – „Das ist ja interessant, und was geschah dann?") Vergessen Sie niemals, daß die meisten Menschen sich selbst am liebsten sprechen hören. Wie tun Sie klug daran, dieses Vergnügen nicht zu stören!
Für viele ist es allein schon deshalb unmöglich, anderen aufmerksam zuzuhören, da sie sich ausschließlich für sich selbst interessieren. Vor lauter Hin- und Herüberlegen, was sie selbst als nächstes sagen könnten, fällt es ihnen schwer, die Worte des anderen überhaupt wahrzunehmen, geschweige denn, auf sie einzugehen. Man erkennt diese unangenehmen Zeitgenossen insbesondere daran, daß sie einem ständig ins Wort fallen, anstatt ausreden zu lassen. Wer jedoch nicht in der Lage ist, Interesse für andere zu bekunden, für den interessiert sich auf Dauer auch keiner!
Nichts kränkt uns mehr als feststellen zu müssen, daß der andere sich bei dem, was wir zu berichten wissen, tödlich langweilt und höchstens mit fünf Prozent seiner geistigen Leistung bei der Sache ist. Wie stellte La Rochefoucauld doch so treffend fest: *„Wir verzeihen oft denen, die uns langweilen, aber wir können denen nicht verzeihen, die wir langweilen."* Schenken Sie Ihrem Flirtpartner daher stets Ihre gesamte Aufmerksamkeit, er wird es Ihnen danken! Dazu gehört auch, daß Sie sich voll auf ihn konzentrieren und sich nicht durch den möglicherweise rundherum herrschenden Trubel ablenken lassen. In diesem Zusammenhang ist es besonders wichtig, den Blickkontakt während des gesamten Gesprächsverlaufes aufrechtzuerhalten. Nichts kotzt einen so an wie die Tatsache, daß derjenige, mit dem man sich unterhält pausenlos die Augen umherschweifen läßt, um nur ja nichts zu verpassen. Es gehört schon fast zum Anstand, sich seinem Gesprächspartner vollends hinzugeben, anstatt die ganze Zeit über nach etwas anderem zu spechten!

Auch sollten Sie keineswegs dulden, daß eigene Freunde oder Bekannte Ihren Flirt unterbrechen. Mit etwas Feingefühl und Beobachtungsgabe werden diese in der Regel die Situation erfassen und sich fernhalten bzw. mit einem kurzen Gruß zufrieden geben. Falls nicht, so lassen Sie diejenigen ruhig spüren, daß sie stören! Wenden Sie sich in keinem Fall von Ihrem Flirtpartner ab! Lassen Sie ihn nicht im Regen stehen, auch nicht kurzzeitig! Fertigen Sie Freunde, die sich in Ihr Gespräch zu drängen versuchen einfach mit den Worten: „Ich ruf' dich morgen an!" ab. Das Dümmste, was Sie in solch einer Situation machen können, ist zu sagen: „Ich schaue später noch bei dir vorbei!" Dies ist nämlich in den Ohren Ihrer Flirtpartnerin nichts anderes als die indirekte Ankündigung, daß Sie den Flirt schon in absehbarer Zeit wieder zu beenden gedenken. Infolgedessen wird sie die nächste Gelegenheit nutzen, um sich unter irgendwelchen Vorwänden von Ihnen abzusetzen, bevor Sie zu Ihrem Freund „müssen". Sollten Sie dennoch, beispielsweise durch die Detonation einer Atombombe, in Ihrem Flirt unterbrochen werden, so melden Sie sich mit den Worten: „So, jetzt bin ich wieder am Netz!" in den Funkkreis zurück und greifen das Gespräch durch Wiederholung der letzten Worte Ihres Gesprächspartners wieder auf.

Bei einem Flirt kommt es nicht ausschließlich auf den Inhalt des Gesagten an. Wichtig ist vor allem, wie Sie etwas sagen. Der Ton macht die Musik! Gewöhnen Sie sich daher eine angenehme, freundlich klingende Stimme an. Wählen Sie zudem eine für die jeweilige Gesprächssituation angemessene Lautstärke. Es macht nämlich mit Sicherheit einen Unterschied, ob Sie sich in einer Diskothek oder einem Café unterhalten. Besonders an Orten mit hohem Lärmpegel sollten Sie auf eine deutliche Aussprache achten. Geben Sie sich beim Sprechen grundsätzlich alle erdenkliche Mühe und machen Sie Ihr verdammtes Maul auf, anstatt ständig unverständliches Zeug in den Bart zu nuscheln. Es macht mit Sicherheit keinem Gesprächspartner Spaß, den ganzen Abend angestrengt die Ohren zu spitzen und nach jedem zweiten Satz nachfragen zu müssen. Vergessen Sie nicht: Ihnen zuzuhören soll mehr ein Vergnügen denn eine Qual sein!

Alles in allem haben Sie Sorge zu tragen, daß sich Ihr Flirtpartner in Ihrer Gegenwart wohlfühlt. Geben Sie sich aufgeschlossen ungezwungen und unkompliziert. Dadurch erwecken Sie einen vertrauenswürdigen Eindruck und vermitteln dem anderen das Gefühl, jemand zu sein, mit dem man offen über alles sprechen kann. Wer zwanglos von seinen Ängsten, Träumen und Sehnsüchten zu berich-

ten vermag, verleitet auch seinen Gesprächspartner dazu, sich zu öffnen und selbiges zu tun.
Zu guter Letzt gilt es noch zu bemerken, daß Gesprächspausen keineswegs etwas Peinliches anhaften muß. Anstatt fieberhaft nach neuen Gesprächsanfängen zu kramen, sollten Sie die Stille genießen. Es ist auch schön, wenn man mal gemeinsam schweigen kann. Nutzen Sie die Ruhe, um Ihre Flirtpartnerin freundlich anzulächeln, während Sie ihr in die hübschen Augen sehen. Damit sagen Sie meist mehr als durch tausend Worte!

Sollten Sie die Arroganz besitzen und glauben, derartige Ratschläge nicht nötig zu haben, wünsche ich Ihnen viel Spaß dabei im Leben immer wieder an denselben Fehlern zu scheitern. Sie werden mit Sicherheit die gleiche kommunikative Null bleiben, die Sie vor der Lektüre dieses Kapitels möglicherweise waren!
Eine der beliebtesten Ausreden, um ja nicht an sich arbeiten zu müssen, lautet: „Ich finde es falsch und unaufrichtig, mich aus taktischen Erwägungen heraus beim Flirt anders zu verhalten als bisher!" Gut, akzeptiert! Die Konkurrenz wird es Ihnen danken, daß Sie nichts dazugelernt haben.
All denjenigen, die im Leben nicht nur schießen, sondern auch treffen wollen, sei gesagt, daß man das Feuer in vielen Fällen mehrmals korrigieren muß, ehe es deckend im Ziel liegt. Sieger zeichnen sich dadurch aus, daß sie sämtliche auf welchem Gebiet auch immer erzielten Resultate als unmittelbare Folge ihres Verhaltens ansehen und dieses Verhalten solange abstimmen, bis es die gewünschten Ergebnisse liefert. Außerdem gilt: Wer sich aus Liebe zum anderen besser darstellt, als er in Wirklichkeit ist, wird nicht selten wirklich besser dabei.
Bei konsequenter Beachtung der obigen Grundsätze führt ein Flirt zwar nicht in jedem Falle zu einer Liebesbeziehung, zumindest bereitet er jedoch den Weg zu einer tiefen Freundschaft. Und Freunde kann man auf dieser Welt nie genug haben!

Wie Sie bei Unterhaltungen einen möglichst positiven Eindruck hinterlassen, wissen Sie jetzt. Bei einem Flirtgespräch geht es jedoch um mehr als die Tatsache, sich gut unterhalten zu haben. Hier gilt es zunächst herauszufinden, ob eine Beziehung mit dem Flirtpartner überhaupt erstrebenswert scheint – sprich: entscheidungsrelevante Daten zu sammeln. Falls ja, heißt es Anknüpfungspunkte für ein Wiedersehen auszukundschaften beziehungsweise ein weiteres Treffen zu vereinbaren. Um die Erreichung jener Ziele zu gewährleisten, müssen Sie als Flirtprofi in der Lage sein, das Flirtgespräch zu leiten, das heißt, diesem eine Richtung zu geben.

Im wesentlichen gliedert sich ein gutes Flirtgespräch in die Phasen Kontaktaufnahme, Introduktion, Persönlicher Datenaustausch, Interessenlokalisation, Werthaltungscheck sowie Adressenaustausch bzw. Vereinbarung einer gemeinsamen Unternehmung.

Keine Angst! Es ist nicht meine Absicht, Ihren künftigen Flirts ein starres Schema aufzudrücken! („Macht doch, was Ihr wollt!") Selbstverständlich ist obiger Aufbau weder der Abfolge noch dem Inhalt nach zwingend, um einen Flirt erfolgreich zu bestreiten. Nichtsdestotrotz soll er Ihnen eine kleine Hilfestellung sein, wertvolle Anregungen bieten und zudem vor Augen führen, was prinzipiell zu beachten sich lohnt.

Das Thema Kontaktaufnahme, sprich: wie ich dem anderen auf möglichst geschickte Art und Weise einen Gesprächsanker zuwerfe, wurde bereits im vorhergehenden Kapitel ausführlich, um nicht zu sagen bis zum Erbrechen behandelt. Nur soviel sei an dieser Stelle noch gesagt: Machen Sie keine Wissenschaft daraus! Eröffnen Sie das Gespräch ohne langes Hin- und Herüberlegen! Je spontaner das Ansprechen erfolgt, desto offener und ungezwungener wirken Sie auf Ihren Flirtpartner. Eine geplant-ausgeklügelte Anmache wirkt meist etwas zwanghaft und hat daher nicht selten einen negativen Beigeschmack.

Auf das Ansprechen folgt die Introduktion, auch Einleitung genannt. Diese erfüllt den Zweck, Ihrer Flirtpartnerin zu zeigen, daß Sie auch ein Mensch sind und keineswegs beißen. Zeitgleich hinterlassen Sie mittels Ihrer gesamten Pracht einen ersten, entscheidenden Eindruck bei Ihrem Gegenüber.

Als Introduktionsthema empfiehlt es sich generell, etwas Naheliegendes aufzugreifen. Lernen Sie sich beispielsweise bei einem Eishockeyspiel kennen, sprechen Sie über Eishockey, treffen Sie sich auf einer Wohnungseinweihung, so bietet sich die Wohnung als Gesprächsstoff an.

Die Introduktion stellt zudem den Versuch dar, etwas schüchterne oder zurückhaltende Gesprächspartner aufzutauen und diese zu einer Unterhaltung anzuregen. Im Zuge dessen ist es nicht verkehrt, den anderen mittels Fragen aus der Reserve zu locken. Achten Sie hierbei möglichst darauf, keine rhetorischen Fragen beziehungsweise Fragen, die sich mit einem einfachen „Ja" oder „Nein" beantworten lassen, zu stellen. Weitaus geschickter ist es, mit solchen Fragen aufzuwarten, die Ihren Flirtpartner aus der Deckung sprengen und geeignet sind, ein Gespräch einzuleiten. (z.B.: „Wie findest Du Evas neue Wohnung?" statt „Tolle Wohnung, nicht wahr?")

In den meisten Fällen wird schon während der Introduktion deutlich, ob Ihr Gesprächspartner willens ist, den Flirt fortzusetzen oder nicht. Falls nicht, sollten Sie konsequent genug sein, sich mit allen Kräften unverzüglich vom Feind zu lösen. Anderenfalls wäre es schade um die Zeit, die Sie verschwenden! Manche Frauen haben Ihre Gegenwart eben einfach nicht verdient! Möglicherweise ist auch lediglich der Zeitpunkt der falsche und Sie haben ein andermal mehr Erfolg. Um so besser, wenn Sie sich nicht aufdrängen!

Ist Ihr Smalltalk hingegen angenehm verlaufen, empfiehlt es sich, dem Gespräch nach und nach eine persönlichere Färbung zu geben. Dies können Sie beispielsweise dadurch einleiten, daß Sie nach ihrem Namen fragen. Oftmals läßt sich der Gesprächsübergang vom Allgemeinen zum Privaten auch fließend gestalten:

Freitag morgens in einer Diskothek:
...
Er: „Für Donnerstag ist um diese Zeit noch ganz schön was los!"
Sie: „Ja, die müssen anscheinend morgen, ich meine natürlich heute, alle nichts arbeiten!"

Er: „Stimmt, wir haben ja mittlerweile schon Freitag. – Und mußt Du heute noch arbeiten?"
Sie: „Ja, leider, sogar bis 18 Uhr!"
Er: „Wo arbeitet man denn am Freitag so unchristlich lange?"
...

Mit etwas Geschick lassen sich neben der beruflichen Tätigkeit auch derart „heikle" Themen wie Alter und Schulbildung indirekt erfragen:
...

Er: „Wow, bei der Deutschen Bank! Welche Voraussetzungen muß man denn mitbringen, um dort eine Lehrstelle zu bekommen?"
Sie: „Mei, nicht viel – Mittlere Reife ..."
Er: „... und ein nettes Lächeln für die Kunden." (Kleines Ablenkungsmanöver)
Sie: „Ja, allerdings! Hihi!"
Er: „Ich als Kunde wäre mit deinem Lächeln sehr zufrieden!" (Kleines Kompliment)
Sie: „Danke. Hihi!"
Er: „Dann warst du wahrscheinlich auf der Realschule hier in Y-Hausen?" (Zurück zum Thema! Zur Verschleierung liegt die Betonung auf: „... hier in Y-Hausen?")
Sie: „Nein, ich war in X-Hausen im Internat und habe dort Abitur gemacht."
(Soviel zum Thema Schulbildung. Weitaus besser als: „Du hast sicher Abitur?" – „Nein, ich war auf der Sonderschule.")
...
Er: „Hast Du schon ausgelernt?"
Sie: „Nein, ich bin jetzt im zweiten Lehrjahr."
(Abitur mit 19, plus 2, daraus folgt: Sie ist in etwa 21 Jahre alt.

Bevor Sie plump fragen: „Wann hast du Geburtstag?", sollten Sie es lieber einmal mit: „Was bist du eigentlich für ein Sternzeichen?" versuchen, zumal die meisten Frauen sowieso ein Faible für diesen astrologischen Schwachsinn haben ...

Wie unschwer zu ersehen, bietet der Austausch persönlicher Daten eine Unmenge von Vorteilen. Nicht nur, daß dieses bei jedem Flirt nahezu unverändert einsetzbare Modul die Unterhaltung am Laufen hält – es liefert darüber hinaus meist unzählige weitere Gesprächsanknüpfungspunkte. Zudem bekunden Sie Interesse für den anderen, lernen ihn kennen und sammeln dadurch eine Menge entscheidungsrelevanter Daten, was zu diesem frühen Zeitpunkt sehr von Vorteil ist. Nach dem ersten Flirt können Sie nämlich noch weitgehend rational und unbefangen entscheiden, ob Sie sich als überzeugter Vegetarier in einen Metzgerlehrling verlieben wollen ...
Auch lassen sich relativ schüchterne und verbal weniger beholfene Flirtpartner durch Ihr individuell zusammenzustellendes Repertoire netter und unverfänglicher Fragen weiter auftauen. Sie geben diesen nämlich mit Ihrer Frage schon eine sich anbietende Gegenfrage vor. („Und was machst du beruflich?") Auf jene mit größter Wahrscheinlichkeit zu erwartenden Gegenfragen können Sie sich bereits jetzt eine sympathieerweckende Antwort zurechtzimmern. Ich denke daher erwarten zu können, daß Sie diesen Gesprächsabschnitt in Zukunft bestens im Griff haben!

Nachdem der persönliche Datenaustausch erfolgt ist, können Sie dazu übergehen, die Interessen und Hobbys Ihres Flirtpartners zu lokalisieren. („Was machst du eigentlich so, wenn du nicht gerade im Pilspub ‚Zum frisch gevögelten Eichhörnchen' bist?") Dabei eröffnen sich ebenfalls sämtliche der oben genannten Vorteile. Darüber hinaus ergeben sich aus ihren Interessen vielleicht sogar Anknüpfungspunkte für gemeinsame Unternehmungen („Was, du tauchst? Super, ich auch! Wenn du Lust hast, können wir ja vielleicht einmal einen gemeinsamen Tauchgang machen.") oder zumindest für ein Wiedersehen („Samstags bin ich immer im XXL.").
Nicht selten läßt sich im Zuge der Interessenlokalisation auch ein sogenannter Werthaltungscheck („Was hältst du eigentlich von ...?" – „Wie denkst du eigentlich über ...?") durchführen, der Ihnen zeigt, ob sich ein gemeinsamer Weg durchs Leben – ach, wie süß! – überhaupt lohnen würde. („Skifahren und in den Urlaub jetten finde ich wegen der daraus resultierenden Umweltverschmutzung Scheiße!" – „Ich

hasse diese Schicki-Micki-Schuppen. Da würde ich nie reingehen.")
Daneben läßt sich anhand ihrer Freizeitaktivitäten oftmals auch ihr
geistiger Horizont abschätzen. Wenn sie außer Rockmusik hören,
Schlafen und Fortgehen keine Interessen hat ...
Noch ein gesprächstaktischer Tip zur Interessenlokalisation: Grasen
Sie Themen, bei welchen Sie ein regelrechtes Mitteilungsbedürfnis
Ihres Flirtpartners verspüren, gründlich ab. Hören Sie auch dann,
wenn Sie nicht groß mitreden können, aufmerksam zu und lassen Sie
ihn loswerden, was er zu diesem Thema zu berichten weiß. Dadurch
setzen Sie sich nicht nur in die Gunst Ihres Gesprächspartners, sondern weiten zugleich auch Ihren Horizont, was Ihnen beides außerordentlich zugute kommt! Veranstalten Sie also kein oberflächliches
Themenhopping, sondern gehen Sie bei allem, was den anderen ebenfalls interessiert, ruhig in die Tiefe!

Kommen wir nun zu dem, was jedes angenehm verlaufende Flirtgespräch krönen sollte: der Telefonnummernaustausch beziehungsweise
die Vereinbarung eines weiteren Treffens oder einer gemeinsamen
Unternehmung. Hierzu ein kleines Gefechtsbeispiel:
Manni und Frauke hatten sich per Zufall kennengelernt. Sie unterhielten sich prächtig, und es entstand Sympathie zwischen den beiden. Zwar verspürten sowohl Manni als auch Frauke den Wunsch,
diesen Kontakt weiter auszubauen, doch traute sich keiner, dem anderen ein weiteres Treffen vorzuschlagen. So trennten sie sich nach
einer Weile und begegneten einander nie wieder.
Frauke erwartete von Manni, daß er als Mann die Initiative ergreifen
würde und schloß aus der Tatsache, daß er es unterließ, auf ein mangelndes Interesse seinerseits. Er hingegen war ein zurückhaltender,
schüchterner Typ und wartete, da er nicht aufdringlich sein wollte,
ihre Initiative ab.
Eine traurige Geschichte, nicht war? Da kommen einem Sensibelchen
wie mir doch glatt die Tränen – schnief! Und was lernen wir daraus?
Unabhängig davon, wie die Reaktion des anderen auch ausfallen
mag, lohnt es sich grundsätzlich, den Wunsch nach einem Wiedersehen zu äußern. Dadurch gewinnen Sie nämlich Klarheit. Klarheit
darüber, ob Ihr Flirtpartner den von Ihnen gehegten Wunsch teilt oder

nicht. Sie ersparen sich damit auf jeden Fall das Bedauern darüber, vielleicht eine Chance vergeben zu haben. Lehnt Frauke ab, so sind Sie wieder frei für neue Ziele, neue Aufgaben und neue Siege. Außerdem haben Sie sich eine Menge Zeit und Ärger erspart! Und Zeit ist, wie Sie ja bereits wissen, immerhin eine der wertvollsten Ressourcen, die wir überhaupt besitzen.

„Wie gebe ich ihr auf nette und zugleich unaufdringliche Weise zu verstehen, sie gerne wiedersehen zu wollen?" lautet nun die Gretchenfrage. Irgendwann im Gesprächsverlauf direkt und plump zu fordern: „Gib mir mal bitte deine Telefonnummer!" oder: „Du kannst mir eigentlich deine Telefonnummer geben!" zeugt nicht gerade von dem Einfühlungsvermögen, das Frauen so sehr schätzen. Mit derart frechen Forderungen rufen Sie, auch wenn der Adressat prinzipiell gerne darauf einzugehen gewillt ist, trotzdem einen gewissen Widerwillen hervor. Auch die Frage „Würdest du mir bitte deine Telefonnummer mitteilen?" oder, schlimmer noch: „Hättest du vielleicht die Güte, mir deine Telefonnummer zu überlassen?" enthält jenen fordernden Charakter, der uns schon von Kindesbeinen an zum Widerspruch provozierte („Würdest du bitte endlich dein Zimmer aufräumen!"). Außerdem können Sie sich bei einem ungezwungenen Flirt Ihre distinguiert-steifen Höflichkeitsfloskeln („Würdest du bitte ..." – „Hättest du die Güte ...") sparen. *Spaaaren – mehr sog i ned!*
Weitaus besser sind Sie da schon mit einem verbindlich-offenherzigen „Sehen wir uns wieder?" oder, eine Spur persönlicher, „Seh' ich dich wieder?" zu Ende des Flirts beraten. Außerdem lassen Sie damit Ihrem Flirtpartner einen Handlungsspielraum offen, der von „Ich hoffe doch! Darf ich dir meine Telefonnummer geben?" bis „Ja, ich bin in nächster Zeit wahrscheinlich öfter hier, da trifft man sich bestimmt mal wieder!" reicht. Sie sehen also, mit etwas Feingefühl ist es nicht allzu schwer, wertvolle Aufklärungsergebnisse einzubringen! So Sie nicht schon im Zuge eines positiv verlaufenen Gesprächs eine gemeinsame Aktion eingetütet haben, empfiehlt es sich durchaus, mittels Fragen wie: „Hast du Lust, einmal gemeinsam auszugehen?" oder: „Darf ich dich anrufen, wenn ich mal wieder in München bin?" Interesse an Ihrem Flirtpartner zu bekunden. Ein zögerndes Überlegen an dieser für den weiteren Gefechtsverlauf entscheidenden Stelle

kann vieles bedeuten: Sie ist ein langsam denkendes Makromolekül; sie hat „zur Zeit" einen Freund; sie hat die nächsten Wochen wichtige Prüfungen oder Termine; sie fliegt morgen für zwei Monate in die USA usw. Ein in jenes Schweigen eingeworfenes „Du darfst jetzt ruhig beherzt ‚nein' sagen!" hat in aller Regel zur Folge, daß Sie in die Problematik des vorliegenden Sachverhalts eingewiesen werden, auch wenn dieser oftmals noch so heikel ist: „Ich habe im Moment noch einen Freund, aber unsere Beziehung ist nicht gerade glücklich. Problem ist, daß ich mit ihm eine gemeinsame Wohnung habe. Ich habe mir aber vorgenommen, in drei Wochen, wenn er in Frankfurt ist, auszuziehen ..." Na also, das sind Lageinformationen, mit denen man arbeiten kann. Drei Gänge zurückschalten und diskret in Verbindung bleiben!

Kommt als Antwort allerdings lediglich: „In nächster Zeit sieht es schlecht aus, da habe ich tausend Termine ...", sind die Aussichten auf ein Wiedersehen in aller Regel sehr begrenzt. Nichtsdestotrotz ist nichts verloren, wenn Sie darauf mit: „Ich geb' dir mal meine Nummer, dann kannst du dich ja melden wenn du wieder Zeit hast ..." antworten.

Um den Adressen- bzw. Telefonnummernaustausch weitgehend unproblematisch zu gestalten, empfiehlt es sich, stets einen Stift sowie ein leeres Stück Papier im Geldbeutel oder weiß der Geier wo mitzuführen. Oftmals lassen die Umstände nämlich keine allzu lange Stiftsuche zu („In fünf Minuten geht mein letzter Bus!"). Mit etwas Grips kann man sich eine Telefonnummer allerdings möglicherweise auch merken! Schon aus unzähligen anderen Gründen ist es jedoch weitaus besser, sich strengstens an folgende Anweisung zu halten: Verhütungs-, äh, Schreibbereitschaft ist immer am Mann!

Grundsätzlich sei angemerkt, daß es sich bei den Ausführungen in diesem Kapitel lediglich um Tips und Anregungen handelt, welche Sie, je nachdem, wie sie zu Ihrer Art passen, ganz, teilweise oder überhaupt nicht übernehmen können. Wie Sie Ihre Flirtgespräche letzten Endes führen, ist mir scheißegal – nur klappen muß es! Das Handwerkszeug dazu haben Sie jetzt. Unterstehen Sie sich daher, die Sache zu vermasseln!

4.5. Feuerunterstützung: die Körpersprache

Es wäre ein großer Irrtum, anzunehmen, daß sich das Flirtgespräch ausschließlich auf der sprachlichen Ebene vollzieht. Neben dem gesprochenen Wort findet die Kommunikation mit dem Flirtpartner zu einem nicht unerheblichen Teil über nonverbale Signale statt. Diese erreichen uns auf der sogenannten Gefühls- oder Instinktebene, einer Ebene also, auf welcher die Mühen rationalen Denkens keineswegs erforderlich sind. Ein geschickter Einsatz der Körpersprache bildet daher eine Waffe, welche in höchst effizienter Weise auf die insbesondere bei Frauen von Natur aus äußerst empfindsam angelegte Gefühlsebene zielt.

Mittels einer überzeugenden Körpersprache gewinnen Sie sowohl an Sicherheit in Ihrem Auftreten als auch an positiver Ausstrahlung, was beides dazu beiträgt, Sie äußerst attraktiv erscheinen zu lassen.

Wer die Geheimnisse der Körpersprache kennt, ist zudem in der Lage, die größtenteils unwillkürlich ausgesandten nonverbalen Botschaften anderer zu erkennen, deren wahre Gefühle zu entschlüsseln sowie entsprechend auf diese zu reagieren.

Welche körpersprachlichen Signale sende ich aus, um spielend mit anderen Menschen in Kontakt zu treten? Wie setze ich die Körpersprache während eines Gesprächs unterstützend ein? Wie ist die Körpersprache meines Flirtpartners zu deuten und wie reagiere ich auf die von ihm ausgesandten Signale? Auf jene für den Flirterfolg immens wichtigen Fragen soll im Folgenden eine Antwort gegeben werden.

Aus der Art, wie Sie Ihren Körper halten, lassen sich sowohl berechtigte Schlüsse auf Ihre Persönlichkeit als auch auf Ihren momentanen Gemütszustand ziehen. Die Haltung Ihres Körpers stellt demzufolge eine fortwährende Kommunikation mit Ihrer Umgebung dar. Aufgrund der ausgesandten Botschaften gewinnen andere bereits lange, bevor auch nur ein einziges Wort über Ihre Lippen gekommen ist, einen ersten Eindruck von Ihrer Person. Dieser Eindruck entscheidet nicht selten darüber, ob es Ihnen gelingt, die Sympathie, das Interesse und die Zuneigung anderer Menschen zu gewinnen.

Da unser erklärtes Ziel lautet, Flirts anzuzetteln und Kontakte zu knüpfen, ist es ebenso konsequent wie zweckdienlich, mit Hilfe der Körpersprache auch ungezwungene Offenheit sowie Kontaktbereitschaft zu signalisieren.
Jene selbstsichere Aufgeschlossenheit erwecken Sie grundsätzlich dann, wenn Ihre Haltung nicht krumm und bucklig, sondern gerade und aufrecht ist, die Schultern keineswegs krampfhaft hochgezogen sind, sondern entspannt nach (hinten!) unten hängen und die Beine mit gutem Bodenkontakt fest und unverschränkt auf der Erde stehen. Die Arme hängen locker nach unten und geben den Körper offen preis, der Blick wird offen und frei auf Kopfhöhe Ihrer Mitmenschen gehalten. Die Hände sind locker geöffnet, die Gesichtszüge entspannt und aufmerksam zugleich. Die Atmung erfolgt ruhig und gleichmäßig aus dem Bauch heraus. Alles in allem sind Körperhaltung sowie die Bewegungen lässig, jedoch keinesfalls nachlässig. Auf diese Weise strahlen Sie nicht nur Kontaktfreude, sondern auch Ruhe und Souveränität aus. Zudem erzielen Sie mit einer derartigen Haltung äußerst positive Auswirkungen auf Gelenke, Knochen, Muskel- und Nervensystem.
Einen völlig entgegengesetzten Eindruck erweckt, wer mit gekrümmtem Rücken, nach vorne fallenden Schultern, gesenktem Blick, aufeinander gepreßten Lippen, angespannten Gesichtszügen, den Oberkörper durch verschränkt vorgelagerte Arme schützend, die Hände zu Fäusten verkrampft, auf einem Bein stehend, das andere davor verkreuzt und nur mit der Fußspitze den Boden berührend, womöglich noch nervös damit wippend, seitlich an einer Wand lehnt. Daß dies nicht die geeignete Sturmausgangsstellung für einen Flirt sein kann, dürfte wohl jedermann klar sein! Mit einer derartigen Körperhaltung bringen Sie nämlich Introvertiertheit, Kontaktscheu sowie mangelnde Selbstsicherheit zum Ausdruck, was in hervorragender Weise dazu geeignet ist, Sie regelrecht vor Flirts zu beschützen.
Selbstverständlich gibt es Tage, an welchen uns einfach danach zumute ist, den Kopf hängen zu lassen. Wer ist schon ständig voller Kontaktfreude und immer gut drauf? Gerade an solchen Tagen sollten Sie jedoch auf eine offene, aufrecht-kraftvolle und zugleich entspannte Körperhaltung achten. Es ist nämlich mittlerweile wissen-

schaftlich bewiesen, daß Ihre Körperhaltung nicht nur Ihren Gemütszustand widerspiegelt, sondern auch umgekehrt in der Lage ist, Ihre Stimmung zu beeinflussen. Mit anderen Worten: Wer sich froh, ausgelassen und glücklich gibt, obwohl dies seinem momentanen Gefühlszustand nicht im geringsten entspricht, setzt allein schon dadurch die jener Stimmungslage zugrunde liegenden biochemischen Reaktionen in Gang. So einfach ist das Erfolgsgeheimnis von Menschen, die immer gut drauf sind, ständig etwas zu lachen haben und stets Glück und Zufriedenheit ausstrahlen, gestrickt!

Wie Beobachtungen zeigen, ist es für viele Menschen besonders dann, wenn sie „auf Freiersfüßen wandeln", gar nicht so leicht, eine ungezwungene Haltung einzunehmen.
Sehen Sie sich bloß einmal in den Diskotheken um! Wie viele Menschen führen dort mit genau demselben Freund, mit dem sie sowieso schon den ganzen Tag unterwegs sind, völlig unbeeindruckt durch Hunderte von Dezibel, die ganze Nacht über eine belanglose Scheinunterhaltung, nur um so zu tun, als ob sie einen wichtigen Auftrag hätten. Verschwindet der gute Kumpel mal eben für zehn Minuten auf die Toilette, stehen sie dumm in der Gegend herum und wissen vor Unsicherheit kaum, wo sie ihre Hände hintun sollen.
Glauben Sie mir, es ist nicht Grundvoraussetzung für einen Flirt, vorzutäuschen, vier Eier in der Hose zu haben, indem Sie die Fäuste in den Taschen ballen, krampfhaft ein Geländer festzuhalten, welches auch ohne Ihre Unterstützung nicht umfällt, oder die Arme vor der Brust zu verschränken, im Gegenteil. Ebenso wenig ist es erforderlich, sich den ganzen Abend, da Sie ja schließlich fahrtüchtig bleiben müssen, an einem sich nicht leerenden, dafür aber erwärmenden Weizenglas festzuhalten. Sie müssen auch keineswegs Ihre Gesundheit ruinieren, die Zigarettenindustrie bereichern und sämtliche Nichtraucherinnen verschrecken, nur um sich einreden zu können: „Ich stehe nicht blöd herum, ich rauche!"
Statt dessen sollten Sie lieber lernen, Ihre Hände entspannt und lokker hängen zu lassen, mit beiden Beinen fest und aufrecht auf der Erde zu stehen und interessiert zu beobachten, was auf dieser Welt so alles abgeht.

"Die Hände mit Anstand unbeschäftigt zu halten, ist keine leichte Sache", das wußte schon Constanze von Franken zu berichten. Vermeiden Sie, ständig irgendwo herumnesteln zu müssen oder mit sämtlichen Gegenständen, welche Ihnen in die Finger kommen, mechanisch herumzuspielen. Zu den negativen Angewohnheiten, die Sie sich schleunigst wieder abgewöhnen sollten, gehört auch, ständig mit den Händen durch das Haar zu streichen, sich permanent irgendwo zu kratzen, an Ohrläppchen oder Penis herumzuzupfen, die Nase zu reiben oder gar darin zu bohren, an den Fingernägeln zu beißen, Däumchen zu drehen, sich in Gegenwart anderer die Hände zu manikürer, insbesondere den Dreck unter den Nägeln zu entfernen und dergleichen mehr.

Wenn es Ihnen schon nicht gelingen will, die Hände entspannt auf Colthöhe hängen zu lassen, dann nehmen Sie eben etwas Passendes in die Hand, und wenn es Ihr Autoschlüssel ist. Vermeiden Sie jedoch, ständig damit zu spielen oder diesen wie ein Mädchen, das nun endlich heimfahren will, im Kreis zu schwingen.

Auch können Sie einen oder beide Arme in der Hüfte abstützen, mit locker geöffneten Fingern, versteht sich! Würde ich geballte Fäuste meinen, hätte ich nämlich „in die Hüfte stemmen" geschrieben. Jaja, die Feinheiten der Sprache ...

Wenn Sie Ihre Arme durchaus verschränken wollen, so tun Sie dies bitte möglichst auf Bauch- und nicht auf Brusthöhe. Je höher Sie nämlich Ihre gekreuzten Arme am Körper halten, desto abweisender, verstockter und unsicherer wirken Sie aufgrund der krampfhaft hochgezogenen Schultern. Einen erheblich offeneren Eindruck erweckt, wer, anstelle die Unterarme zu kreuzen, diese nur locker übereinander legt. Dabei sollten beide Hände möglichst geöffnet sein, wobei die Hand des oben liegenden Armes leicht den unten liegenden Unterarm umfaßt.

Nachdem im obigen Abschnitt die Grundsätze der Körperhaltung ausführlich erörtert wurden, wenden wir uns nun – entsprechend dem methodisch-didaktischen Leitsatz „Vom Allgemeinen zum Speziellen" – der Körpersprache während des Flirts zu.

Falls Sie sich einer positiven Reaktion Ihres Flirtpartners nicht sicher sind, empfiehlt es sich, bei der Kontaktaufnahme seitlich zu diesem zu stehen. Auf diese Weise vermeiden Sie einen Frontalüberfall, der das Opfer oftmals schon rein instinktiv zu Abwehrmaßnahmen verleitet. Da Ihr Körper bereits in Abflugrichtung zeigt, können Sie nach erfolglosem Bombenwurf, ohne wie ein geprügelter Hund kehrtmachen zu müssen, unbehelligt wieder abschwirren.

Wird Ihr Flirtangebot angenommen, haben Sie Ihren Körper Schritt für Schritt in eine offene, dem Gesprächspartner zugewandte Position zu bringen. Dadurch signalisieren Sie Aufmerksamkeit aber auch Sympathie und Zuneigung für Ihr Gegenüber.

Wer dem Flirtpartner seinen Körper nicht vom Kopf bis zu den Fußspitzen zuwendet, erweckt unweigerlich den Eindruck, ausschließlich an einem oberflächlichen En-passant-Gespräch interessiert zu sein. Feinfühlige Gesprächspartner merken das sofort und verstehen es daraufhin geschickt zu verhindern, daß die Unterhaltung an Tiefe gewinnt. Dies geschieht einerseits, weil man Sie nicht unnötig aufhalten will, und andererseits, um nicht in Gefahr zu laufen, obwohl man Interesse an einer guten Unterhaltung bekundet hat, im nächsten Moment stehengelassen zu werden. Geben Sie also Ihrem Flirtpartner nonverbal zu verstehen, nicht nur an einem belanglosen Smalltalk interessiert und schon auf dem Sprung zu sein, den nur zufällig an ihm vorbeiführenden Weg fortzusetzen!

Sich dem Gesprächspartner zuzuwenden, ist keinesfalls gleichbedeutend damit, sich frontal vor diesen zu stellen. Wenn Sie sich beispielsweise einem entgegenkommenden Gesprächspartner derart zuwenden, daß Ihr Körper in dessen Marschrichtung zeigt, verleiten Sie ihn weitaus eher zu sagen: „Ich gehe jetzt ins XXX. Hast du Lust, mitzukommen?", als wenn Sie – stur auf Ihrer Marschrichtung beharrend – vor ihm stehenbleiben. In diesem Falle legen Sie dem anderen durch Ihre Körpersprache nämlich ein „Also dann, man sieht sich wieder!" nahe.

Aufrichtiges Interesse an Ihrem Flirtpartner bekunden Sie am besten, indem Sie sich diesem, entgegengesetzt zu Ihrer ursprünglichen Marschrichtung, zuwenden. Dadurch geben Sie ihm das Gefühl, nicht sofort wieder weiterzuwollen, befreien ihn von dem schlechten Gewissen, Sie aufzuhalten, und tragen durch diese Maßnahmen am ehesten dazu bei, daß sich ein ungezwungenes Gespräch entwickeln kann.

Während des Gesprächs gilt es, dem anderen durch eine aufrechte, jedoch keineswegs steife Haltung Ihre ungeteilte Aufmerksamkeit zu signalisieren. Eine gezwungen-starre Körperhaltung läßt sich vermeiden, indem Sie Ihre Worte hin und wieder durch passende Gesten unterstreichen, wodurch das Gespräch zugleich an Leben gewinnt. Achten Sie darauf, daß Gestik und Mimik entspannt und natürlich wirken. Kneifen Sie die Augen nicht zusammen, pressen Sie die Lippen nicht aufeinander, fuchteln Sie nicht aufgeregt mit den Händen vor der Nase Ihres Gesprächspartners umher und halten Sie insbesondere die Hände offen, entspannt und locker. Atmen Sie ruhig und gleichmäßig. Dies läßt Sie nicht nur deutlicher sprechen, sondern verleiht Ihnen zugleich eine souveränere Ausstrahlung. Männliche Ruhe und Gelassenheit imponiert Frauen in aller Regel weitaus mehr als hektisches Aufgekratztsein. Am besten sind Sie beraten, wenn Sie beim Flirt folgende innere Einstellung zum Ausdruck bringen: Du bist eine interessante Frau. Bei dir könnte ich vielleicht schwach werden. Und das trotz der Tatsache, daß ich mit meinem Leben, wie ich es im Moment führe, sehr zufrieden bin.
Gelassenheit ist jedoch keineswegs mit Nachlässigkeit zu verwechseln! Wer seinem Gesprächspartner gegenüber eine allzu nachlässige Haltung zeigt, erweckt unweigerlich den Anschein, nur mäßiges Interesse an der Unterhaltung zu hegen. Unterlassen Sie es unbedingt, Ihren Flirtpartner anzugähnen, auch dann, wenn Sie noch so müde sind! Im Unterdrücken eines Gähnens kann man große Meisterschaft erlangen! Sie müssen nicht all den kleinen Bedürfnissen, welche sich in Ihrem Körper regen, nachgeben, zumal Ihr Gegenüber dies als äußerst unhöflich empfinden könnte – „Uuaah!", „Burb!" und „Pffffrrrz!" sind keine passenden Gesprächsbeiträge!

Wie bereits erwähnt, sollten Sie den Blickkontakt zu Ihrem Flirtpartner, ohne Ihre Aufmerksamkeit zwischenzeitlich auf etwas anderes zu lenken, das gesamte Gespräch über aufrechterhalten. Starren Sie dem anderen jedoch nicht unentwegt in die Augen und heften Sie Ihren Blick auch nicht auf einen Pickel, ein Muttermal oder sonstige Details im Gesicht oder am Körper des Gesprächspartners. Derartige Maßnahmen sind nämlich hervorragend geeignet, Ihr Gegenüber zu verunsichern, was nicht zu den Aufgaben und Zielen eines Flirts zählt.

Im Kapitel Gesprächstaktiken haben Sie erfahren, wie wichtig es ist, sich Sprachstil und Ausdrucksweise des Kommunikationspartners anzupassen, um sozusagen auf derselben Wellenlänge zu funken. Diese Feststellung läßt sich in gleicher Weise für die Körpersprache treffen. So fühlen sich Menschen mit einer schwach ausgeprägten Körpersprache in Gegenwart derer, die mit weit ausladenden Gesten sprechen, nicht selten unwohl. Andererseits wirkt, wer Gesten nur spärlich einzusetzen versteht, auf Menschen, die regelrecht mit Händen und Füßen reden, meist unkommunikativ und frostig.
Untersuchungen ergaben, daß sich im Falle eines von beiden Seiten als positiv empfundenen Kommunikationsverlaufes Mimik und Gestik der Gesprächspartner weitgehend einander anpassen. Diese Ergebnisse lassen im Umkehrschluß die Folgerung zu, daß es wesentlich zu einer guten Verständigung beiträgt, die positiven körpersprachlichen Signale des anderen zu spiegeln. Übernehmen Sie daher auf spontane und natürliche Weise, das heißt, ohne dem anderen das Gefühl zu geben, ihn nachzuäffen, dessen Mimik, Gestik, Stimmlage, Sprachgeschwindigkeit und Körperhaltung! Es zeugt stets von einem guten Einfühlungsvermögen, wenn Sie beispielsweise auch die Arme öffnen oder sich Ihrem Gesprächspartner ebenfalls frontal zuwenden. Durch eine angepaßte Körperhaltung vermitteln Sie, daß Sie Sympathie für den anderen hegen, und geben diesem gleichzeitig ein positives Feedback.

Ein wesentlicher Grundsatz beim Kennenlernen, der aufgrund seiner Wichtigkeit gar nicht oft genug wiederholt werden kann, lautet: Treten Sie Ihrer Flirtpartnerin niemals vorschnell zu nahe! Körperliche Nähe wird nämlich in aller Regel nur von gut bekannten Menschen geduldet und insbesondere vom weiblichen Geschlecht schnell als eine Bedrohung empfunden, welche Abwehrreaktionen auszulösen vermag, die durchaus imstande sind, Sie für immer aus dem Rennen zu katapultieren. Ähnlich wie auf bundesdeutschen Autobahnen gilt auch beim Flirt die eiserne Regel: Abstand halten! Der tolle Ferrari in unserem Rückspiegel zieht sicherlich Interesse und Bewunderung auf sich, solange er einen angemessenen Abstand einhält. Fährt er allerdings bis an die Stoßstange auf, empfinden wir dies nicht zu Unrecht als Nötigung.

Bleiben Sie daher – es sei denn, Frau deutet mittels Berührungen an, in Ihrem Fall eine Ausnahme von obiger Regel machen zu wollen – erst mal auf Distanz und unterlassen Sie es in jedem Fall, Ihren Flirtpartner zu betatschen.

Einen Leitsatz sollten Sie in diesem Zusammenhang nie vergessen: Charme ist die Kunst, mittels Gestik, Mimik und Worten Nähe herzustellen, ohne den anderen zu be- und sich selbst aufzudrängen.

Über das Bestreben, selbst kommunikations- und sympathiefördernde Signale auszusenden, hinaus sollten Sie niemals vergessen, auch den körpersprachlichen Signalen Ihres Flirtpartners Beachtung zu schenken. Wir Menschen bringen nämlich durch unsere Körpersprache, oft völlig unwillkürlich, die Gefühle, welche uns im jeweiligen Moment bewegen, deutlich zum Ausdruck. Der Körper, so heißt es, verrät immer etwa eine Sekunde vor dem gesprochenen Wort die Wahrheit, auch wenn dieses dann lügen sollte. Wer unmittelbaren Zugang zur Gefühlswelt seines Gegenübers gewinnen und dadurch wertvolle Aufklärungsergebnisse einbringen will, braucht lediglich auf dessen nonverbale Signale zu achten, um zu wissen, woran er letzten Endes ist.

Wie sehen nun jene kleinen Winke, an denen sich Interesse beziehungsweise Desinteresse einer Frau ablesen lassen, aus?

Fühlt sich eine Frau zu einem Mann hingezogen, gibt sie ihm dies meist dadurch zu verstehen, daß sie ihn kurz anlächelt, ruckartig die Brauen nach oben zieht und dabei mit weit geöffneten Augen betrachtet. Dann senkt sie die Lider, neigt den Kopf seitlich nach unten und wendet den Blick wieder ab. Dabei wird dem potentiellen Partner, gewissermaßen als Aufforderung, hineinzubeißen, die offene Halsseite zugewandt.

Dieses typische Muster weiblichen Flirtverhaltens wurde bereits in den 60er Jahren durch den Verhaltensforscher Irenäus Eibl-Eibesfeldt im Zuge umfassender Studien entdeckt. Nicht selten kichern und albern Frauen, um die Aufmerksamkeit des betreffenden Mannes auf sich zu lenken, zuvor freudig erregt umher.

Untersuchungen zufolge ist es meistens die Frau, welche die Initiative ergreift, indem sie unter irgendwelchen Vorwänden (Bestellung von Getränken an der Bar, Gang zum Buffet, Zigarettenautomaten usw.) die Nähe des Mannes aufsucht, was dieser dadurch erleichtern sollte, daß er sich an entsprechenden, strategisch günstigen Punkten zu positionieren pflegt.

Während des Flirts erkennt man das Interesse einer Frau daran, daß sie sich in offener Haltung frontal ihrem Gesprächspartner zuwendet. Zum Repertoire positiver weiblicher Flirtsignale gehören auch Gesten wie der „hair flip" (mit der Hand durch das Haar streichen), der „head toss" (schnelle Aufwärtsbewegung des Kopfes nach hinten und Rückführung in die Ausgangsposition innerhalb kurzer Zeit), der „skirt hike" (Anheben des Rocksaumes, um Bein zu zeigen) sowie sonstige Automanipulationen (Selbstberührungen, wie z.B. über Gesicht oder Körper streichen, den Sitz der Kleidung korrigieren, den Ring am Finger drehen, die Hände unter dem Pulli verbergen, die Ferse aus dem Schuh heben, mit der Innenseite des Unterarmes über die Brust streichen usw.; Bewegungen also, welche dem unbewußten Verlangen, Ihre Hände an diesen Stellen zu spüren, Ausdruck verleihen).

Zudem wurde die Feststellung getroffen, daß Frauen intensiver und häufiger lachen, wenn sie mit einem ihrer Ansicht nach attraktiven Mann beisammen sind. Ebenso steigt die Anzahl ihrer Bewegungen und gesprächsbegleitenden Gesten mit zunehmendem Interesse für den Flirtpartner kontinuierlich an. Oftmals kommt es dabei sogar zu sogenannten Übersprungshandlungen – Bewegungen also, die im entsprechenden Moment keinerlei Sinn ergeben – welche die intensive Verwirrung der Gefühle bildhaft zum Ausdruck bringen.

Eine eindeutige Sympathiebekundung stellen vor allem – nicht selten als rein zufällig getarnte – Berührungen dar. Berührt Ihre Flirtpartnerin beispielsweise Ihre Hand, so ist dies mit Sicherheit ein positives Zeichen, es sei denn, sie entfernt diese dadurch aus ihrem Schritt, äh, ich meine natürlich, von ihrer Hüfte. (Das war schon lange wieder fällig!)

Hegen Frauen hingegen kein Interesse an ihrem Gesprächspartner, so bringen sie dies meist durch den sogenannten „head akimbo" (Arme werden hinter dem Kopf verschränkt und die Achseln präsentiert) zum Ausdruck. Der „head akimbo" stellt interessanterweise eine dem männlichen Imponiergehabe entliehene Geste dar, mit dessen Hilfe (bei Verwendung durch die Frau) das Ziel verfolgt wird, einen eventuell interessierten Flirtpartner einzuschüchtern.
Ablehnung wird häufig auch durch eine verschlossene Körperhaltung (Oberschenkel gegeneinander gepreßt, Beine überkreuzt, Arme liegen eng am Körper an beziehungsweise sind vor der Brust verschränkt), einen gesenkten oder vorwiegend auf die Umgebung konzentrierten Blick sowie das Einfrieren der gesprächsbegleitenden Gestik deutlich. Zusätzlich treten vermehrt ablenkende Bewegungen, wie das Spielen mit irgendwelchen Objekten, in den Vordergrund. Das Interesse wird eindeutig vom Flirtpartner auf andere Dinge verlagert.

Zur Deutung der Körpersprache ist grundsätzlich anzumerken, daß einzelne Gesten für sich in aller Regel meist wenig aussagekräftig sind und den ungeübten Beobachter in ungünstigen Fällen sogar zu Fehlschlüssen verleiten können. Von hoher Aussagekraft ist hingegen das sich dem Betrachter erschließende Gesamtbild. Erst das kumulative Auftreten mehrerer gleichgerichteter Körpersignale sowie eine entsprechende Beurteilung der Gesamtsituation lassen brauchbare Schlüsse zu.
Spielt eine Frau beispielsweise während des Flirtgesprächs pausenlos mit ihrem Ring oder ihrer Halskette, kann dies sowohl aus Langeweile wie auch aus lauter Aufregung darüber, mit Ihnen sprechen zu dürfen, geschehen. In derartigen Fällen gilt es festzustellen, ob der

Schwerpunkt weiblicher Aufmerksamkeit auf dem Gesprächsverlauf oder aber auf dem Spiel mit dem Ring liegt.
Um zu einer brauchbaren Aussage über Interesse bzw. Desinteresse des Flirtpartners zu gelangen, gilt es oftmals eine verwirrende Vielzahl körpersprachlicher Signale zu erfassen und auszuwerten. Mit einer Portion Fingerspitzengefühl und etwas Erfahrung wird es Ihnen allerdings schon bald gelingen, das Gesamtverhalten Ihrer Flirtpartner zielsicher zu deuten.

Zum Abschluß dieses Kapitels bleibt mir nur, zu hoffen, Sie ein wenig für die Notwendigkeit, sowohl der eigenen wie auch der Körpersprache anderer Menschen Beachtung zu schenken, sensibilisiert zu haben. Wie sagte Roger Muccielli, ein bekannter Kommunikationswissenschaftler, so schön: *„Die nonverbalen Zeichen sind viermal so effektiv wie die verbalen."* Lernen Sie daher, deren durchschlagende Wirkung bewußt für Ihre Belange einzusetzen!

4.6. Feindeinbrüche abriegeln: Verhalten bei Abweisung

Es wird des öfteren die Frage an mich gerichtet, was denn das Wichtigste im Leben eines erfolgreichen Flirtprofis sei. Nun, Sie werden es vielleicht nicht glauben, aber es ist die Fähigkeit, Niederlagen zu überwinden.
Dies ist übrigens eine Weisheit, die keineswegs auf das Gebiet des Flirts Beschränkung findet. Je früher Sie sich damit abfinden, daß das Leben zu einem großen Teil aus Rückschlägen und Negativerfahrungen besteht, und je leichter Sie diese wegstecken, desto besser ist das. Wer gute Leistungen ausschließlich unter Optimalbedingungen zu erbringen vermag und beim Auftreten von Erschwernissen sofort das Handtuch wirft, wird es im Leben nicht weit bringen.
Hin und wieder bekommt man eben von einer Frau auch eine tüchtige Abfuhr erteilt. Eine Gefahr, welche sich durch taktisches Verhalten zwar einschränken, nicht jedoch völlig ausschließen läßt. Ablehnung wird Ihnen im Leben noch unzählige Male entgegenschlagen. Doch keine Angst, das geht nicht nur Ihnen so ...
Wichtig ist, daß derartige Niederlagen Ihr zartes Seelchen nicht verletzen, sondern gleich Nadeln, die auf einen Amboß fallen, an Ihnen abprallen. Lassen Sie sich dadurch auf keinen Fall in Ihrer Kontaktfreudigkeit bremsen! Wegen einer eingebildeten Ziege läuft sich lange noch keine Großoffensive fest! Sie brachen ja schließlich Ihre schulische Ausbildung auch nicht ab, nur weil Sie zufällig einmal 'ne glatte Sechs gezogen haben. Am besten, Sie wählen sich den wackren Kreuzfahrer aus Ludwig Uhlands Gedicht „Schwäbische Kunde" zum Vorbild, von welchem es heißt: „*... ließ sich den Schild mit Pfeilen spicken und tät nur spöttisch um sich blicken ...*"
Wer aktiv und rege ist, sammelt eben auch viele Körbe, na und? Der Typ, welcher bei jeder Frau Erfolg hat, wurde bisher weder erfunden noch in Produktion gegeben. Blitzen Sie ab, so kann dies an Hunderten von Gründen liegen, die allesamt mit Ihnen persönlich überhaupt nichts zu tun haben müssen. Ich habe mir eigens für Ihr Ego einmal die Mühe gemacht, einige davon aufzuzählen:

Sie ist
- sehr schüchtern – Ersparen Sie sich das Theater!
- ödenblöd und zickig – Gut, daß wir das schon gleich festgestellt haben, da bleibt uns jede Menge Ärger erspart!
- von Ihnen und Ihrer Ausstrahlung derart geblendet, daß sie vor lauter Aufregung gar nicht weiß, wie sie sich verhalten soll – Schon besser!
- dem Alter, in welchem ihr ausschließlich supercoole Machos imponieren, noch nicht entwachsen
- äußerst unsicher und fürchtet sich daher vor Kontakten mit anderen Menschen
- lesbisch und interessiert sich nicht die Bohne für Männer
- bei weitem jünger, als sie aussieht, und geistig noch nicht reif für einen Flirt
- eine sehr dominante Frau, die ihre Aufrisse selbst tätigt
- total vernarrt in ihren Traumprinzen, den sie sich in den Kopf gesetzt hat, obwohl er ihr keine Beachtung schenkt
- gefangen von dem Vorurteil, allein durch den äußeren Eindruck abschätzen zu können, mit wem sich ein Kontakt lohnt und mit wem nicht
- eine alte Jungfer, die davon ausgeht, daß sämtliche Männer, welche sie ansprechen, nur das eine wollen – Preßlufthammer gefällig?
- noch völlig benommen von der Spritze, die ihr der Arzt verabreicht hat
- verheiratet und hat bereits zwei Kinder
- der Meinung, daß sich ein anständiges Mädchen nicht auf der Straße ansprechen läßt
- schlecht drauf, weil ihre Oma gestorben oder ihr Meerschweinchen verendet ist
- Emanze und verabscheut Männer, die sie von der Seite anquatschen
- sehr materialistisch, und wie Mr. Trump sehen Sie nun mal nicht aus, den kennt sie nämlich aus dem Goldenen Blatt

Sie
- schwärmt ausschließlich für Jungs, die aussehen wie Leonardo di Caprio – Auch eine Garantie, niemals glücklich zu werden
- wartet auf den großen, blonden und blauäugigen Helden, den ein treuer Schwan durch Flüsse und durch wilde Meereswogen in einem Nachen zieht an Land – Na ja, heutzutage wartet sie wohl eher auf McGyver
- glaubt nur an die Liebe auf den ersten Blick, die einschlagen muß wie der geölte Blitz
- will weder gesehen noch beachtet werden, da ihr ein Windstoß trotz Dreiwettertaft die Frisur versaut hat
- findet es schick, Annäherungsversuche arrogant zurückzuweisen – Manche haben eben im Leben sonst keine Erfolge!
- fühlt sich im Augenblick etwas überfordert, da Sie mittlerweile schon der fünfte sind, der bestrebt ist, Blickkontakt mit ihr aufzunehmen
- denkt, das jeder Flirt im Sex münden muß, und hat darauf im Moment keinen Bock
- wurde gerade von ihrem Freund verlassen
- befindet sich soeben auf dem Weg zum Rendezvous mit ihrem Traummann
- wurde sexuell mißbraucht und ist daher etwas traumatisiert
- leidet unter einem Verfolgungswahn
- hetzt zu einem wichtigen Termin und hat schon fünf Minuten Verspätung
- wurde gerade fristlos entlassen
- wollte nur schnell ihren Marktwert testen

Sie hat
- Angst davor, im zwischenmenschlichen Bereich zu versagen und Ihre Nettigkeit zu enttäuschen
- einen häßlichen Pickel auf der Nase (Pinken am Zinken) und schämt sich daher fürchterlich
- Minderwertigkeitskomplexe und denkt, Sie treiben nur ein gemeines Spiel mit ihr

- den Kopf voll mit Sorgen und Schwierigkeiten
- des öfteren schlechte Erfahrungen mit Männern gemacht (Sippenhaft!)
- die Weisheitszähne herausoperiert bekommen und kann ihren Mund deshalb nicht zu einem Lächeln öffnen
- irgendwelche Schmerzen
- soeben erfahren, HIV-positiv zu sein
- Drogen genommen und befindet sich momentan auf einem Horrortrip.
- Migräne
- ihre Tage
- gerade eine Bombensechs kassiert – Balsam fürs Selbstbewußtsein!

- Sie (ja, Sie!) haben sich trotz all meiner Bemühungen durch untaktisches Verhalten ins Aus katapultiert. Doch nur Geduld! Es ist noch kein Meister vom Himmel gefallen!

Die Liste ließe sich beliebig fortsetzen. Möglicherweise sind Sie auch „eben nicht ihr Typ". Abgelehnt zu werden ist jedoch niemals gleichbedeutend damit, daß Sie ein von Grund auf chancenlos häßlicher Kerl sind, mit dem keine etwas zu tun haben will. Buchen Sie also Ihre Badefahrten ins Selbstmitleid gefälligst woanders! Ich hoffe nur, daß wir uns in diesem Punkt verstanden haben!
Der häufigste Grund für eine Abweisung ist nämlich der, daß die angesprochene Frau bereits einen Partner gefunden hat, sehr verliebt ist und diese Liebe durch Abwehrmaßnahmen vor der Verführungskraft anderer Männer zu schützen weiß. Ein derartiges Verhalten ist doch nicht verwerflich, oder? Inszenieren Sie daher kein Drama, indem Sie diesen „Mißerfolg" sofort auf sich beziehungsweise Ihr Aussehen projizieren! Eine Frau, die wirklich verliebt ist, hat nun einmal kein Interesse daran, mit jedem dahergelaufenen Schwanzträger herumzuflirten, und kann gar nicht anders, als Ihnen einen Korb zu überreichen.
Ohne übertrieben eifersüchtig zu sein, darf man von seiner Freundin ja wohl erwarten, daß sie sich nicht von jedem Blödmannsgehilfen in

die Bar abschleppen oder in ein Gespräch verwickeln läßt, falls man zufällig mal nicht einen Meter hinter ihr steht – oder seh' ich das falsch, Anita?
So Sie also weder an eine Single-Frau noch an ein billiges Flittchen geraten, ist eine Abfuhr leider, leider nicht zu vermeiden. Nehmen Sie es jedoch nicht persönlich! Es ist keine Schande, nach kurzem Feuergefecht der Übermacht des Feindes sowie der Ungunst der Verhältnisse ehrenvoll zu unterliegen.

Sollten Ihnen Ihre feinen Antennen melden, daß die angesprochene Frau kein Interesse an Ihrer Bekanntschaft hegt, heißt es Absetzbewegungen einzuleiten und sich ohne schuldhaftes Zögern vom Feind zu lösen. Alles andere erfüllt den Tatbestand der Belästigung! Gute Spieler zeichnen sich dadurch aus, auch gute Verlierer zu sein. Beachten Sie also die Spielregeln, werden Sie nicht lästig und schwirren Sie ab!
Nun wollen wir doch einmal nachsehen, was Constanze von Franken zu diesem Problemkreis zu sagen hat:

"Wie finde ich mich mit einem Korbe ab?

Ward dir gegen deine Erwartung eine Abweisung zuteil, so hast du sie ruhig und höflich hinzunehmen. Der gute Ton erfordert in diesem Falle, daß du deine Gefühle soviel als möglich in dir verschließest und der Dame nach wie vor mit tadelloser Höflichkeit begegnest ..."

Nun, Sie haben's vernommen! Na ja – sollte Ihnen, obwohl Sie lediglich ein nettes kleines Gesprächsangebot gemacht haben, eine ungerechtfertigt herbe Abfuhr zuteil werden, haben Sie meine Erlaubnis, sich dafür mit Sätzen wie „Was?! Fünfzig Mark, ohne Gummi??!!!" zu revanchieren. Fairerweise muß jedoch gesagt werden, daß bei der Penetranz einiger Männer harte Worte oftmals durchaus vonnöten sind. Manche brauchen es eben mit dem Holzhammer!

Nehmen Sie Ihre Niederlagen nicht allzu schwer! Natürlich stinkt es einem gewaltig, wenn man einen kapitalen Hirschen verfehlt hat. Das ist jedoch noch lange kein Grund, die Flinte – in diesem Falle wohl besser die Büchse – ins Korn zu werfen. Die Reviere sind voll von Wild, Sie brauchen nur danach zu pirschen, und bald schon werden Sie feststellen: *„Was gleicht wohl auf Erden dem Jägervergnügen, wem sprudelt der Becher des Lebens so reich? ... ist fürstliche Freude, ist männlich Verlangen ..."* (Carl Maria von Weber, Der Freischütz)

Im übrigen bin ich der Meinung, daß es abschließend noch einer Neudefinition dessen, was Sie als Niederlage anzusehen haben, bedarf: Abgewiesen zu werden ist keine Niederlage. Eine hübsche Frau zu sehen und es, noch dazu nach der Lektüre dieses Buches, nicht gebacken zu bekommen, auf nette und unaufdringliche Weise mit dieser in Kontakt zu treten, das ist eine Niederlage!

4.7. Elektronische Kampfunterstützung

Im letzten Kapitel dieses Buches möchte ich Sie noch auf ein hocheffizientes Instrument zur Partnersuche aufmerksam machen: das Internet. Dieses hervorragende Medium hat das Flirtgeschehen bereits revolutioniert wie kein zweites und ermöglicht Ihnen eine Kontaktaufnahme, ohne überhaupt den Fuß vor die Haustüre setzen zu müssen. Die Zeiten, in denen es sich zu schniegeln galt, um Abend für Abend auf verzweifelter Suche durch Bars und Kneipen zu ziehen, sind endgültig vorüber. Es ist auch keineswegs mehr erforderlich, daß Sie Ihren gesamten Mut zusammenraffen, um irgendeiner Disko-Schönheit ein Flirtangebot ins Ohr zu schreien ...

Im 21. Jahrhundert spricht man sich völlig entspannt – ohne lästige Zeugen und ohne zu erröten – in einem Chat-room an. Über 70% meiner Freunde haben ihre derzeitige Freundin beim Chatten kennengelernt. Dabei handelt es sich nicht etwa um lockere E-Mail-Freundschaften, sondern um „ganz normale" Beziehungen. Die Gründe für diesen hohen Anteil liegen auf der Hand: Zum einen treiben sich in den Chats überwiegend Singles herum, die ebenfalls auf der Suche sind, und zum anderen ist die Kontaktaufnahme dort mit keinerlei Peinlichkeiten verbunden. Das Gespräch mit den Worten „Hallo, Engelchen, bist Du auch single?" zu eröffnen, ist im Chat weder peinlich noch ungewöhnlich. Bringen Sie das mal bei einem Offline-Flirt!

Wie Sie sehen, hat uns der technische Fortschritt wieder einmal mit einer Fülle von Vorteilen gesegnet. Die Wahrscheinlichkeit, eine Frau kennenzulernen, ist nirgendwo größer als in einem Chat. Um dort jedoch eine erfolgreiche Partnersuche zu starten, sollten Sie unbedingt ein paar Grundsätze beherzigen:

Die erste Frage, die es zu beantworten gilt, lautet: „Für welchen Chat entscheide ich mich?" Nun, wenn Sie wirklich jemanden kennenlernen und sich ungestört unterhalten wollen, sollten Sie auf alle Fälle einen Chat wählen, der es Ihnen erlaubt, für jeden Gesprächspartner ein separates Dialogfenster zu öffnen. Sich mit fünf oder mehr Leuten gleichzeitig zu unterhalten und hin und wieder einer Person etwas zuzuflüstern, ist purer Schwachsinn. Diese Art von Chat ist vorwiegend für Menschen konzipiert, die lediglich an einem oberflächlichen Smalltalk interessiert sind. Ferner sollten Sie Chats bevorzugen, in denen sich Leute aus Ihrer Region tummeln. Genießen Sie das Gefühl aufsteigender Schadenfreude, wenn Bekannte, die alles besser wissen, von München aus zu einem Date mit einer Chat-Partnerin in Hamburg starten, um dort versetzt zu werden. Ich will ja keine Namen nennen ...

Welcher Chat in Ihrem Umkreis angesagt ist, können Sie entweder von Freunden erfahren oder mit Hilfe einer Suchmaschine selbst herausfinden. In der Regel betreiben lokale Radiosender ganz brauchbare Chats, deren Räume im Idealfall – insbesondere bei einem größeren Ausstrahlungsgebiet – nach Städten unterteilt sind (z.B. www.antenne.de). Falls dem so ist, sollten Sie auch bestrebt sein, den Raum derjenigen Stadt zu betreten, die Ihrem Kaff am nächsten liegt. Nichts ist so ärgerlich, wie wenn man beispielsweise im Raum Nürnberg lauter Idioten antrifft, die alle über 100 Kilometer entfernt wohnen, noch nie in ihrem Leben in Nürnberg waren und auch keine Oma oder Tante dort haben, die einmal jährlich besucht werden muß.

Es ist auch nicht verkehrt, sich ein paar Gedanken darüber zu machen, unter welchem Namen man überhaupt in einem Chat zu agieren gedenkt. Meines Erachtens sollte der Name zumindest Alter und Geschlecht seines Trägers verraten. Dadurch ersparen Sie sich – wie anderen – eine ganze Menge sinnlos-unerfreulicher Dialoge:

```
Engelchen15: hi, bist du m?
Enigma:      ja
Engelchen15: wirklich?
Enigma:      ja
Engelchen15: wie alt? woher?
Enigma       24, hamburg
Engelchen15: zu alt, zu weit weg
Engelchen15: cu
Enigma:      cu
```

Auf derartige – laufende Dialoge oder parallele Surftätigkeiten störende – Gespräche können Sie mit Sicherheit verzichten. Also tun Sie es auch! Geben Sie sich einen Namen, der Hinweise auf Ihr Geschlecht, Ihr Alter und – wenn es die begrenzte Zeichenlänge zuläßt – Ihren Wohnort gibt. Als Beispiele hierfür seien genannt: Boy22WEN (Geschlecht: männlich, Alter: 22, Kfz-Kennzeichen: Weiden), münchen18m (Wohnort: München, Alter: 18, Geschlecht: männlich) oder Bine16HH (Mittlerweile hat wohl auch der größte Trottel dieses hochkomplizierte System durchschaut!). Na also, anhand solch detaillierter Informationen dürfte einer Frau die Entscheidung, ob sie jemanden wie Sie überhaupt kennenlernen will, nicht allzu schwer fallen. Und nichts anderes als das wollen wir – auf möglichst effiziente Weise – feststellen. Bekommen Sie bitte keinen Samenkoller, wenn „Tangagirl" oder „Sexbunny" Ihnen als „Chris24SAD" nicht antworten. Vermutlich liegt es daran, daß beide erst 13 oder 14 sind und ihnen ein 24jähriger doch schon etwas zu alt scheint. Eines können Sie sich schon gleich merken: Keine Antwort ist im Chat auch eine Antwort! Nirgendwo ist Zeitsparen so angesagt wie hier! Dialogfenster ohne Feedback können Sie getrost wieder schließen. Diese behindern lediglich die weitere Suche und damit letzten Endes auch Ihr Glück!

Grundsätzlich hat sich beim Chatten folgende Vorgehensweise bewährt: Sie bewegen sich in den entsprechenden Raum Ihrer Region und sehen sich dort, von oben beginnend, die Namen der anderen Chatter an. Die Auswahl Ihrer Gesprächspartner findet in zwei Durchgängen statt:
Im ersten Durchgang erfolgt eine „Grobdurchforstung" aller Chatter, die sich im Raum befinden. Dabei öffnen Sie nur für diejenigen Namen ein Fenster, die sich in Ihren Ohren besonders vielversprechend anhören und daher sofort anzusprechen sind, bevor sie den Chat wieder verlassen. Möglicherweise sind dies: „Tina18", weil sie das richtige Alter zu haben scheint, „Wörtherin", weil sie augenscheinlich aus demselben Kaff kommt wie Sie selbst, „Topmodel20w", da Sie vermuten, daß eine Frau, die zwei Zentner auf die Waage bringt oder potthäßlich ist, wahrscheinlich nicht das Selbstbewußtsein hat, sich

so zu nennen, „cg-girl", weil das Kürzel „cg" im Chatterdeutsch auf einen Bildeintrag in einer Chat-gallery hinweist, „Tauchergirl", weil Sie schon lange eine Tauchpartnerin suchen, und „Betthäschen", weil Sie ein schwanzgesteuertes Kerlchen sind.

Als nächstes erfolgt das Ansprechen. Profis öffnen nun ein Word-Dokument, auf welchem sie sich ein paar nette Eröffnungssätze notiert haben, wählen zur Abwechslung einen anderen als beim letzten Mal und kopieren diesen in den Einfügen-Speicher. Dann werden der Reihe nach die Dialogfenster geöffnet und der Eröffnungssatz eingefügt. (Für Neulinge: Fenster anklicken, Cursor reinsetzen, rechte Maustaste drücken, auf „Einfügen" klicken, Returntaste drücken, warten, bis Ihr Satz im Fenster erscheint, Fenster wegklicken, indem Sie auf das x oben rechts drücken.) Besonders wichtig ist es, das Dialogfenster am Ende zu schließen! Falls Sie eine Antwort bekommen, öffnet es sich automatisch wieder. Falls nicht, dann eben nicht. Glauben Sie mir: Es ist pure Zeitverschwendung, auch nur ansatzweise darüber nachzudenken, weshalb „Knallerbse" nicht antwortet. Der wahrscheinlichste Grund hierfür wird der sein, daß sie sich bereits mit mehreren Leuten gleichzeitig unterhält und einfach überfordert ist. Nichtsdestotrotz haben Sie ihr durch Ihren Namen neben Geschlecht auch Alter und Wohnort verraten. Bei Interesse wird sie sich schon melden, wenn sie wieder etwas mehr Luft hat. Sie zu nerven, indem Sie im Minutentakt ein Gesprächsangebot unterbreiten, ist eher kontraproduktiv. Zeigt sie kein Interesse, weil sie bereits einen Freund hat und lediglich mit guten Kumpels plaudert, ist sie sowieso die letzte, mit der wir unsere Zeit zu verschwenden gedenken. Deswegen sollten Sie grundsätzlich jedes Dialogfenster nach dem ersten Ansprechen sofort wieder schließen – aus den Augen, aus dem Sinn!

Hat sich im ersten Durchgang nichts Passendes gefunden, erfolgt ein zweiter. Im Gegensatz zur vorhergehenden „Grobdurchforstung" läuft dieser nach einem etwas engmaschigeren System ab. Dabei arbeiten Sie die Liste der teilnehmenden Chatter alphabetisch ab. Alles, was sich dem Namen nach als eindeutig weiblich verrät und nicht von vorneherein das falsche Alter bzw. den falschen Wohnsitz zu haben scheint, wird der Reihe nach in einem Dialogfenster geöffnet und angesprochen. Sprechen Sie jedoch nicht mehr als vier Leute gleichzeitig an und machen Sie sich eine kurze Notiz, wo im Alphabet Sie stehengeblieben sind. Antworten Ihnen nämlich alle vier, geraten Sie mit Sicherheit schnell in höchste Not. Mit mehreren Personen gleichzeitig zu chatten, kann Sie ganz schön ins Schwitzen bringen! Verschärfend kommt hinzu, daß auch Sie permanent angesprochen werden. Ein aufschlußreicher Name hält zwar einen Großteil derer, die sowieso nicht zu Ihnen passen, fern, dafür gilt es aber, für alle anderen in jedem Fall ein paar Kapazitäten freizuhalten.

Im Interesse einer effizienten Unterhaltung sollten Sie nicht zu viele Fenster auf einmal öffnen und Gesprächspartner, die Ihren Vorstellungen nicht entsprechen, sofort wieder wegklicken. Ich erinnere nochmals daran: Keine Antwort ist im Chat auch eine Antwort! Das System, maximal vier Leute anzusprechen und deren Feedback abzuwarten, bevor Sie die nächsten vier abchecken, hat sich in der Praxis durchaus bewährt. Beginnen Sie Ihren zweiten Durchgang auch mal an anderer Stelle des Alphabets! Wer will schon jeden Tag auf dieselben Leute treffen?

Soviel zum allgemeinen Ablaufschema einer effizienten Partnersuche im Weltnetz. Wenden wir uns nun der etwas spezielleren Frage zu, wie das Gespräch mit dem jeweiligen Chat-Partner aufgebaut werden sollte und wie der Übergang von einer Online-Interaktion zu einem möglichst aussichtsreichen Offline-Date zu vollziehen ist. Dieser zugegebenermaßen nicht ganz unbeschwerliche Weg läßt sich im wesentlichen in eine Selektions- und eine Koordinationsphase gliedern.

In der Selektionsphase wird festgestellt, ob der andere überhaupt jemand ist, mit dem man sich treffen will. Hier wird sozusagen die Spreu vom Weizen getrennt, was in drei Selektionsstufen geschieht.

Auf Stufe eins werden all diejenigen ausgesondert, die von vornherein nicht in Frage kommen. Wer dazu zählt, das müssen Sie – ebenso wie die entsprechenden Knockout-Fragen – selbst festlegen. Möglicherweise sind dies alle, die zu jung oder zu alt sind, die weiter als 50 Kilometer entfernt wohnen, die anscheinend mit der Orthographie etwas auf Kriegsfuß stehen oder kurze hellrote Haare und eine Nikkelbrille haben. Je pingeliger Sie bei der Partnersuche sind, desto länger wird vermutlich auch die Liste Ihrer Ausschlußkriterien ausfallen. Gewisse Mindestansprüche wird jedoch mit Sicherheit ein jeder von Ihnen an in Frage kommende Partner zu stellen wissen. Dazu sollte insbesondere der Anspruch zählen, daß Ihr Aussehen beim anderen Anklang findet. Genau das gilt es auf der zweiten Selektionsstufe herauszufinden, indem Sie Ihrem Chat-Partner ein Bild von sich zeigen. Wie erfinderisch Sie jetzt bei der Suche nach Ausreden auch sein mögen: Es gibt kein vernünftiges Argument, das gegen diese Maßnahme sprechen würde. Im Gegenteil! Letzten Endes wollen wir ein Date eintüten, also gilt es Vertrauen zu schaffen und die Karten ehrlich auf den Tisch zu legen. Auf ein Blinddate werden sich nur wenige Frauen einlassen, und falls doch macht es die Sache nicht angenehmer, wenn Ihnen die Ablehnung des anderen persönlich entgegenschlägt.

Glauben Sie mir: Je eher Sie mit Ihrem Bild aus dem Busch kommen, desto besser ist das. Ansonsten kann Chatten nämlich sehr schnell zu einer höchst ineffizienten Zeitverschwendung verkommen. Es soll ja angeblich Schlaumeier geben, die immer erst ein Jahr hin- und hermailen und sich Tag für Tag im Chat verabreden, um endlich die Vertrauensbasis für ein Blinddate zu schaffen, bei dem sie dann entweder mit Pauken und Trompeten abblitzen oder selbst einen gewaltigen Schrecken bekommen. Na ja, wenn Sie das ewige Leben gepachtet haben und von Tag zu Tag jünger werden, können Sie das getrost so machen ...

Kommen wir nun zu der Frage, wie Sie dem anderen Ihr Bild ohne übermäßigen Aufwand präsentieren. Die Methode, das Bild per E-Mail zu verschicken, ist vielleicht naheliegend, in der Praxis jedoch völlig ungeeignet. Überlegen Sie mal: Mitten im Chat bei mehreren parallel laufenden Dialogen sollen Sie sich auch noch bei Ihrem E-Mail-Anbieter einloggen, ein Bild uploaden, eine Empfängeradresse eingeben und das Bild verschicken – und das alle fünf Minuten. Zur Belohnung bekommen Sie dann von Ihrem Gegenüber zu hören: „Danke, ich schau es mir später an!" Nein, Sie wollen sofort ein Feedback! Und zwar ein möglichst positives! Andernfalls ist es schade um jede weitere Gesprächsminute, besonders, wenn der Kostenzähler tickt. An dieser Selektionsstufe führt nun einmal kein Weg vorbei! Die durchaus berechtigte Angst vor mitgesandten Viren sowie die Tatsache, daß Ihr Chat-Partner vielleicht gar keine (eigene) E-Mail-Adresse besitzt, sind weitere Gründe, weswegen die E-Mail-Methode lediglich für Dilettanten in Betracht kommt.

Als Profi haben Sie hingegen einen Bildeintrag in einer Chat-gallery. Gute Chat-galleries zeichnen sich dadurch aus, daß Sie strukturierte Angaben zu Ihrer Person, Ihren Vorlieben, Hobbys und Tätigkeiten zulassen. Von besonderer Wichtigkeit ist auch, daß Ihre persönliche E-Mail-Adresse dort erscheint, denn welche Frau schreibt schon gerne an eine anonyme Sammelmailbox? Falls zusätzlich die Möglichkeit besteht, eine ICQ-Nummer anzugeben, ist die Kontaktierungskomponente hinreichend ausgeprägt.

Im Idealfall können Sie in einer Chat-gallery mehr als ein Foto veröffentlichen. Glauben Sie mir: Es kann nur von Vorteil sein, wenn Sie neben Ihrem Paßbild auch eine Ganzkörperaufnahme online haben. Vielleicht wollen Sie sich ja auch bei der Ausübung Ihrer Hobbys – als Bungee-Jumper, Free-climber oder Briefmarkensammler – präsentieren?

Besonderen Wert sollten Sie darauf legen, daß dort, wo Sie sich aufnehmen lassen, eine strikte Trennung von männlichen und weiblichen Einträgen vorherrscht. Schließlich wollen Sie ja vom anderen Geschlecht auch gefunden werden! Zudem sollte Ihr Bild für jeden, dh. nicht nur für registrierte Mitglieder, ohne langes Klicken zu sehen sein. Für diejenigen unter Ihnen, die selbst keinen Scanner besitzen, ist insbesondere ein integrierter Scan-Service von grundlegender Bedeutung. Zu guter Letzt sollte die ganze Sache auch noch kostenlos sein. Ein hervorragender Anbieter, der all diesen Anforderungen gerecht wird, ist www.chat-gallery.de – und das sollte auch so bleiben, weil ich die Lorbeeren in der nächsten Auflage sonst jemand anderem zuschustere!

Auf einen Bildeintrag brauchen Sie im Chat lediglich zu verweisen. Das verursacht nicht den geringsten Streß. Im Gegenteil! Während Ihr Chat-Partner voller Spannung nach Ihrem Bild sucht und Ihren Eintrag studiert, haben Sie die Gelegenheit, anderen Dialogfenstern wieder etwas mehr Beachtung zu schenken ...

Am einfachsten funktioniert das Ganze, wenn Sie die Beschreibung, wo Ihr Bild zu finden ist, als Word-Dokument gespeichert haben. Dann brauchen Sie diesen – doch etwas längeren – Textabschnitt lediglich in den Copy/Paste-Speicher zu kopieren. Anschließend können Sie ihn, ganz bequem und ohne einen Buchstaben tippen zu müssen, per Mausklick in jedes beliebige Dialogfenster einfügen. Und so sieht ein Bildverweis aus:

„Ich hab bei http://www.chat-gallery.de/ ein Bild im Netz. Einfach ‚Bildgalerie männlich' und dann ‚CyberOtto' anklicken!"

Wir erinnern uns: Flirten heißt etwas von sich preiszugeben, Nähe zu schaffen, um dadurch Vertrauen und Zuneigung zu gewinnen! Wie könnte dies wohl besser gelingen als durch einen Bildeintrag in einer Chat-gallery? Klar besteht damit immer auch das Risiko, daß Ihr Chat-Partner Sie ablehnt und die Konversation beendet. Der Gefahr abzublitzen sind Sie online ebenso ausgesetzt wie offline. Das Leben ist nun einmal mit Gefahren verbunden, die allesamt nur durch einen Verzicht auf das Leben selbst ausgeschlossen werden können. Vergessen Sie nicht: Es endet meistens tödlich – Sie haben nichts zu verlieren, sammeln Sie also unbeschwert Ihre Körbe, solange Sie noch Zeit dazu haben.

Allerdings sollten Sie die Namen derer, die anscheinend zu schön für Sie sind, irgendwo festhalten. Dies geschieht keineswegs, um etwa aus Rache hundsgemeine Viren zu verschicken, sondern vielmehr, um zu verhindern, daß Sie tagtäglich bei denselben abblitzen.

Falls Sie sich vornehmen, pro Tag mindestens zehn Frauen auf Ihr Bild zu verweisen, wird das erste erfolgversprechende Date mit Sicherheit nicht lange auf sich warten lassen. Im Chat können Sie das Glück durch Fleiß und Unverdrossenheit nämlich regelrecht erzwingen ...

Nachdem Sie sich geoutet und festgestellt haben, daß Ihr Gesprächspartner das Interesse an einer Unterhaltung keineswegs verloren hat, sollten Sie allmählich zur dritten Selektionsstufe übergehen. Nun heißt es ebenfalls ein Bild einfordern, und da Sie selbst mit gutem Beispiel vorangegangen sind, ist Ihre Verhandlungsposition überaus günstig. Seien Sie hartnäckig und lassen Sie sich bloß nicht mit einer Personenbeschreibung abspeisen! Nichts ist so aussagekräftig wie ein Bild! Dank dem kostenlosen Scan-Service von www.chat-gallery.de ist die allseits beliebte Ausrede: „Ich hab leider keinen Scanner!" überhaupt nicht von Belang – so ein Pech aber auch!

Um es kurz zu machen: Sehr viele Möglichkeiten gibt es nicht! Hat sie ein Bild in digitalisierter Form, kann sie es entweder irgendwo veröffentlichen oder per E-Mail (Vorsicht, Virengefahr!) verschikken. Hat sie keines, kann sie entweder von ihrem Bruder eines scannen lassen oder einen Scan-Service in Anspruch nehmen. Bleibt noch die teuerste Lösung: Sie schickt Ihnen per Post ein Exemplar zu. Im Notfall tut es auch eine Farbfotokopie vom Personalausweis.

Glücklicherweise gibt es durchaus ein paar Chatterinnen, die kapiert haben, daß Bildeinträge nicht nur unkompliziert, virensicher, zeit- und kostensparend sind, sondern auch vor zwei äußerst unangenehmen Überraschungen schützen: abgelehnt zu werden und ablehnen zu müssen.

Je häßlicher und zickiger die Frau, desto geringer die Chance, daß Sie Ihnen ein Bild zukommen läßt! Bei hartnäckiger Verweigerungshaltung tritt demzufolge auch kein großer Verlust ein, wenn Sie den Kontakt einfach abbrechen. Auch Uneinsichtigkeit, Irrationalität und mangelndes Entgegenkommen sind Gründe, die eine Selektion rechtfertigen. Was zum Teufel wollen Sie denn mit einer anfangen, die online schon rumzickt?

Nachdem Sie das Bild Ihres Chat-Partners gesichtet und einen Entschluß – interessiert bzw. nicht interessiert – gefaßt haben, ist die Selektionsphase beendet. Wurden alle Hürden erfolgreich genommen, gilt es in der Koordinationsphase auf möglichst geschickte Weise ein Date zu arrangieren. Hierbei sollten Sie sich durch zwei ganz vorzügliche Koordinationsinstrumente, die uns die technische Entwicklung an die Hand gegeben hat, unterstützen lassen: E-Mail und Mobiltelefon.

In Phase I kommen zunächst die asynchronen Medien, also E-Mail und SMS, zum Einsatz. Mit deren Hilfe läßt sich nämlich wunderbar – das heißt, ohne zu stören oder ungelegen zu kommen – herausfinden, wann der andere wohl am ehesten Zeit für ein Treffen hat. Steht der Termin für Ihr Date endgültig fest, schlägt in Koordinationsphase II dann endlich die Stunde der synchronen Kommunikationsmittel: Ein kurzes Telefonat über Ihr Handy läßt Sie am Treffpunkt mit Sicherheit problemlos zueinander finden. Und dann ist sie endlich da, die große Stunde der Bewährung, in der Sie möglichst all das, was Sie in den vorhergehenden Kapiteln über Blickkontakt, Ansprechen, Gesprächstaktiken und Körperhaltung gelernt haben, zur Anwendung bringen sollten! Ansonsten haben Sie zwar vielleicht jede Menge Dates – nur eben keine erfolgreichen ...

Nach drei Selektionsphasen und zwei Koordinationsphasen stehen Sie also einer Frau gegenüber, die ebenfalls single ist, deren Bild Sie bereits gesehen haben und von der Sie wissen, daß sie Ihr Aussehen nicht völlig ablehnt. Na, wenn das keine effiziente Vorgehensweise ist!

Neben einem sinnvoll strukturierten Aufbau ist auch die Art, wie Sie Ihre Chats führen, von entscheidender Bedeutung. Unter Selektionsphase haben Sie sich keineswegs ein Abcheckverhalten wie dieses vorzustellen:

> „hi!"
> „woher?"
> „wie alt?"
> „hübsch?"
> „ficken?"
> „wann? wo?"

Sie wissen doch: Frauen wollen reden und lieben dieses sinnlose Geschwafel, das von Ihrer Bereitschaft zeugt, viel Zeit und Geld in eine tiefgründige Beziehung zu investieren. Geben Sie sich also etwas Mühe, es sei denn, Sie wollen sich den Vorwurf: „Kannst Du auch ganze Sätze bilden?" schon innerhalb der ersten zehn Sekunden anhören. Für die etwas längeren Satzgebilde haben wir glücklicherweise sowieso unser Word-Dokument mit ein paar sympathieerweckenden Standardphrasen und dem Copy/Paste-Speicher. Knallen Sie jedoch längere Sätze nicht in so kurzen Abständen hin, daß frau den

Eindruck bekommt, sich mit einer Maschine zu unterhalten! Erinnern wir uns: Frauen wollen individuell beflirtet werden. Gerade im Chat! Lassen Sie also etwas Zeit verstreichen, bevor Sie Ihre Konstrukte einfügen und sorgen Sie dafür, daß diese ein paar – nicht allzu gravierende – Tippfehler enthalten, und schon ist der Anschein der Spontaneität wieder gewahrt.

Sehen wir uns doch einfach einmal an, wie so etwas in der Praxis aussehen könnte:

Boy18DGF: Hallo Bunny, hast Du Lust, mit mir zu chatten?
(Pluspunkt: Sie haben sie beim Namen genannt!)
Bunny17: Klar! Du bist aus Dingolfing?
Boy18DGF: Ja, bin ich, und Du?
Bunny17: Super, ich auch!
Boy18DGF: Bist Du single?
Bunny17: Ja, leider! Du auch?
Boy18DGF: Ja.
Boy18DGF: Wie siehst Du aus?
Bunny17: Blond, lange Haare, schlank, keine Brille.
(Selektionsphase 1 beendet)
Bunny17: Und Du?
Boy18DGF: Ich hab ein Bild im Netz. Wart mal kurz!
Bunny17: Cool! Schickst Du's?
Boy18DGF: http://www.chat-gallery.de/, dann auf „männliche User" und dann auf „SunnyBoy" klicken.
(Kluge Frauen setzen jetzt Ihren Mauspfeil direkt über die Adresse http://www.chat-gallery.de/, klicken einmal mit der linken Maustaste, und schon öffnet sich – vorausgesetzt, der Chat taugt etwas – www.chat-gallery.de in einem extra Browserfenster.)
Bunny17: Ich seh Dich. Du siehst süß aus!
(Selektionsphase 2 beendet)
Boy18DGF: Oh, danke!
Boy18DGF: Hast Du auch ein Bild?
Bunny17: Nein, leider
Boy18DGF: Schade, ich hätt auch gern ein Bild von Dir.

Boy18DGF:	Schickst Du mir eins per Post?
Boy18DGF:	Bitte :-)
Bunny17:	Wart mal. Kennst Du die Web-Site vom Café Galerie?
Boy18DGF:	Kenn ich.
Bunny17:	Da bin ich, wenn Du auf der Startseite den Monat Oktober anklickst und dann „Party-People" und dann „Single-Parties", auf dem dritten Bild in der viertletzten Zeile die zweite von rechts.

(Welch Aufwand! Na ja, wenigstens ist sie hübsch.
Selektionsphase 3 beendet)

Boy18DGF:	Wow, Du bist hübsch! Hast Du Lust, daß wir uns mal treffen?
Bunny17:	Klar, hab ich. Ich geb Dir mal meine Handynummer, dann können wir ja was ausmachen.
...	

Den weiteren Verlauf der Koordinationsphase werde ich Ihnen wohl kaum vorbeten müssen. Das schaffen Sie locker alleine!

Merken Sie, wie schnell sich Flirts in einem Chat-room – beiderseitige Bildpräsenz im World Wide Web vorausgesetzt – in Richtung erfolgversprechendes Date entwickeln können?

Lassen Sie mich abschließend noch ein paar Worte über die zahllosen Flirt-Sites im Internet verlieren. Warum sich nicht einfach dort eintragen und warten, bis die hübschen Frauen in Scharen angelaufen kommen? Von diesem schönen Traum können Sie sich gleich wieder verabschieden! Wie unsere Untersuchungen gezeigt haben, verhalten sich Frauen auch im Web äußerst passiv. Sie werden einfach nicht angemailt, da können Sie ein noch so hübsches Kerlchen sein! Das Ansprechen ist also auch in der virtuellen Welt weitgehend die Aufgabe des Mannes – wen wundert's?

Noch ein weiterer Grund spricht dagegen, sich auf einer Flirt-Site zu verewigen: Flirt-Sites riechen förmlich nach verzweifelt-krampfhafter Suche. Erinnern Sie sich noch an das Kapitel „Angriffsgrundsätze"? Dann kennen Sie ja den psychologischen Hintergrund, weshalb es diesen Eindruck unbedingt zu vermeiden gilt! Zu guter Letzt sind die Lästereien von „Freunden" und Bekannten, die Ihr Bild auf einer Flirt-Site entdecken, nicht gerade imagefördernd.

Völlig anders sieht es da mit einem Bildeintrag in einer chat-gallery aus. Damit verraten Sie lediglich, daß Sie hin und wieder in einem Chat anzutreffen sind. Nun, chatten ist „in" und bietet demzufolge auch keinerlei Angriffsfläche für bösartige Frotzeleien ...

Ob Flirt-Sites etwas taugen, das können Sie aber auch selbst herausfinden. Blättern Sie einfach einmal durch die dort anzutreffenden Bildeinträge und senden Sie jedem hübschen Girl eine Nachricht: „Hallo, süßes Engelchen! Ich würde Dich gerne mal kennenlernen. Hab auch ein Bild im Netz bei www.chat-gallery.de – einfach ‚Bildgalerie männlich' und dann ‚Wünschelrute' anklicken! Vielleicht hast Du ja Lust, daß wir uns mal im Chat treffen? Bussi, Stefan." Falls es sich bei den Einträgen nicht ausschließlich um Werbefakes handelt, wird sich ja irgendwann auch mal jemand melden. Mit unserer Copy/Paste-Methode nimmt das Flirtbotschaftenschreiben lediglich zwei Mausklicks in Anspruch und kann daher durchaus als effizient bezeichnet werden.

Sogar die verhaßten Kettenmails, die sich möglicherweise tagtäglich in Ihrem Postfach stapeln, bieten die Chance, ein paar nette Mädels kennenzulernen. Durchforsten Sie die Weiterleitungskette einfach nach weiblichen E-Mail-Adressen. Wer Kettenmails weiterleitet, hat in der Regel auch nichts gegen ein paar neue E-Mail-Freundschaften einzuwenden. Fragen Sie einfach mal nach: „Hallo, mir ist grad aufgefallen, daß wir beide die gleiche Mail erhalten haben. Anscheinend haben wir dieselben Freunde! *ggg* Darf ich fragen, wie alt Du bist und was Du so machst? Ich bin 17, wohne am Starnberger See und geh noch zur Schule. Wäre cool, wenn Du mir mal schreiben würdest. Bussi, Chris". Und schon befinden wir uns wieder in der Selektionsphase!

Wie Sie sehen, bietet Ihnen das Word Wide Web ausnahmslos jede Vorraussetzung, die Sie für eine effiziente Partnersuche benötigen. Zwei Grundregeln gilt es jedoch in jedem Falle zu beachten: Zum einen ist eine Bildpräsenz im Netz ein absolutes Muß, und zum anderen dürfen Sie auch nicht müde werden, auf Ihren Eintrag zu verweisen. Anderenfalls sind Sie nichts mehr als eine anonyme E-Mail-Adresse, hinter der sich weiß Gott was verbirgt, und Sie werden in zehn Jahren noch mit viereckigen Augen vor dem Bildschirm sitzen und auf Ihre Traumfrau warten.

Vergessen Sie bitte nicht, daß auch noch so effiziente Rekrutierungsinstrumente ein erfolgsmaximierendes Flirtverhalten keineswegs ersetzen können. Erst die Kombination beider Komponenten kann Ihnen auf lange Sicht den Erfolg garantieren. Nehmen Sie sich deshalb all das, was in den vorhergehenden Kapiteln – vom ersten Blickkontakt über das Ansprechen und die Gesprächsführung bis zum Vereinbaren eines Wiedersehens – ausführlich beschrieben wurde, unbedingt zu Herzen. Ich wünsche Ihnen viel Glück!

Schlußwort

Nun denn:

Zu End' neigt sich dies Werk –
Wie taten Sie klug daran,
es zu erstehn.
Im Neidspiel der Liebe,
wer zum Harst stets gerüstet,
nur der wird bestehn.

Doch mit dem Erstehn
und dem Lesen allein
ist Trug nur gewonnen,
frommte der Rat
nicht auch zu wagen
die zaglose Tat.

Rege und frisch
sei drum der Geist,
nicht Regelwerk gar
sondern Handwerkszeug nur
wie der Hammer dem Schmied
soll dieses Buch
Euch Lüsternen sein.

Eigenes Denken,
Schaffen und Tun
fache es an,
Gewandtheit erwache,
statt müßig zu ruhn!

Eine Witzigung sei's,
die weise Euch macht.
In strahlender Pracht
durchbreche sie gleißend
der wirren Gespinste
lichtlose Nacht.

Für glänzenden Geldes müßigen Tand
gab ich Euch listigen Rat an die Hand:
wie ein Weib zu gewinnen,
das neidlich Euch dünkt,
des weihliche Zucht
Euch gieret zu minnen.

So ziehet dahin,
Heil Eurer Fahrt!
Um nach dem Glücke zu forschen,
das seiner Entdeckung lange schon harrt.

Vergeßt niemals auf Euren Wegen
den Flirt als Kunstwerk stets zu pflegen,
denn plumpe Weis', die schafft nur Pein,
schließt selten höchste Preise ein!

Auf lichter Höh',
im finstren Tal,
in heller Freud
und dunklem Leid,
solang Kräfte sich rühren
und Keime sich regen,
ein starkes Herz
behend noch schlägt
und göttlicher Odem
Leben Euch webt,
bedenket das eine:
„in der Welten Ring
nichts ist so reich,
als Ersatz zu muten dem Mann
für Weibes Wonne und Wert."
(Richard Wagner, Das Rheingold)

Sie sind der Meinung, ich sollte noch ein paar Seiten schreiben? Vergessen Sie's! Was erlauben, Leser? Ich habe fertig, Trickkiste leer! Jetzt sind Sie an der Reihe ...

Danksagung

Ich möchte an dieser Stelle die Gelegenheit wahrnehmen, mich bei allen, die an der Entstehung dieses Buches tatkräftig mitgearbeitet haben, herzlich zu bedanken. Mein besonderer Dank gilt dabei all denjenigen, die mir bei der Erhebung und Auswertung statistischer Daten eine unentbehrliche Hilfe waren.

Nicht vergessen seien meine Freundinnen und Freunde, die mir stets mit ehrlichem Rat, kritischen Anmerkungen und eigenen Erfahrungen hilfreich und konstruktiv zur Seite standen. Sie alle haben sich um die Flirtkultur in Europas Mitten sehr verdient gemacht!

Danken möchte ich auch den Hundertschaften von Frauen und Mädchen, die ohne ihr Wissen am Zustandekommen dieses Buches maßgeblich beteiligt waren. Ihr seid mir eine unentbehrliche Hilfe gewesen! War Euer Verhalten manchmal auch noch so bescheuert, für eine Lehre war es immer gut genug. Gell, Steffi!

Ein dickes Lob werde abschließend all denjenigen zuteil, welche mich mittels Kostproben ihres gekonnten Aufreißverhaltens in Zustände höchster Belustigung versetzt haben. Auf dieser Welt ist eben wirklich keiner unnütz. Er kann immer noch als schlechtes Beispiel dienen.

Den Flirterfolg sichern!

Von Chefreferentin im Flirtkulturrat Claudia Grundstein

Liebe Leser! Aufgrund zahlreicher Anfragen haben wir uns entschlossen, nun auch ein Seminar zum Thema „erfolgsmaximales Flirtverhalten" anzubieten. Nähere Informationen zu Ablauf und Veranstaltungsort finden Sie im Internet unter: *www.flirtkultur.de*.

Dieses Seminar wurde auf einer neuen konzeptionellen Grundlage, den sogenannten Interaktionsaxiomen (Anforderungen an einen perfekten Flirt), erarbeitet. Dabei haben wir, ausgehend von dem im 4. Kapitel dieses Buches beschriebenen Grundmodell, ein ganzheitliches Flirtsystem entwickelt.
Der ganzheitliche Optimierungsansatz, seine Axiomatik, der hohe Detaillierungsgrad sowie der bewährte modulare Aufbau sind die wesentlichen Merkmale, welche diese neue Kunstlehre (**flirtculture®**) prägen.
Nutzen Sie das Angebot! Unser Seminar wird Ihnen gegenüber der Konkurrenz den oftmals entscheidenden Vorsprung verschaffen ...

Unter *www.flirtkultur.de* können Sie zudem einen kostenlosen Newsletter abonnieren, der Sie über sämtliche Entwicklungen und Neuerungen auf dem Gebiet der Flirtkultur unterrichten wird.

Ehrentafel

Einen wesentlichen Beitrag zur Verbesserung der Flirtkultur, aufgrund tatkräftiger Projektunterstützung sowie durch das Einbringen besonders wertvoller Erkenntnisse, leisteten:

Herr Axel Rüttler
Herr Stefan de Lange
Frau Christina Görtler
Frau Sabine Kaiser
Frau Sonja Karl
Frau Sabine Hofmann
Herr Werner Kammermeier
Herr Thomas Benner
Frau Monika Fischer
Frau Christine Schieder
Frau Martina Schindler
Frau Simone Emmer
Frau Steffi Wechsler
Frau Laura Müller
Frau Alice Rüttler
Frau Christine Hintermeier
Frau Ute Hübner
Herr Andreas Marcus
Herr Marcus Lischka
Frau Doris Vetter
Frau Angie Hilpert
Herr Andreas Eckner
Frau Steffi Riedl
Frau Petra Schuhmacher
Frau Dagmar Fiolka
Frau Sandra Banew

Frau Regina Lohde
Herr Helmut Fischer
Frau Karin Daur
Frau Heidelore Bühler
Frau Tanja Irrgang
Herr Alexander Reinhardt
Frau Claudia Grundstein
Herr Arthur Steinhauer
Frau Nadine Heydrich
Frau Nicole Rehlein
Herr Christoph Neumeier
Herr Sebastian Seiml